KASPER Krankheitsbedingte Kündigung

RdW Schriftenreihe
›Das Recht der Wirtschaft‹

September 2025

Krankheitsbedingte Kündigung

Betriebliches Eingliederungsmanagement

André Kasper
Rechtsanwalt und Fachanwalt für Arbeitsrecht, Mannheim

2., überarbeitete Auflage, 2025

BOORBERG

Bibliografische Information der Deutschen Nationalbibliothek | Die Deutsche Nationalbibliothek verzeichnet diese Publikation in der Deutschen Nationalbibliografie; detaillierte bibliografische Daten sind im Internet über www.dnb.de abrufbar.

2. Auflage, 2025

ISBN 978-3-415-07787-4

Anfragen gemäß EU-Verordnung über die allgemeine Produktsicherheit (EU) 2023/988 (General Product Safety Regulation – GPSR) richten Sie bitte an:
Richard Boorberg Verlag GmbH & Co KG, Produktsicherheit, Scharrstraße 2, 70563 Stuttgart; E-Mail: produktsicherheit@boorberg.de

---

Die Schriftenreihe >DAS RECHT DER WIRTSCHAFT< (RdW) ist Teil des gleichnamigen Sammelwerks, einer Kombination aus Buch und Zeitschrift.

Verantwortlich: Carola Moser, B.A.

Richard Boorberg Verlag GmbH & Co KG | Scharrstraße 2 | 70563 Stuttgart
Stuttgart | München | Hannover | Berlin | Weimar | Dresden
www.boorberg.de

Gesamtherstellung: Laupp & Göbel GmbH | Robert-Bosch-Str. 42 | 72810 Gomaringen

Inhalt

Abkürzungen

a. A.	andere Ansicht
Abs.	Absatz
AE	Arbeitsrechtliche Entscheidungen (Zeitschrift)
AP	Arbeitsrechtliche Praxis
ArbG	Arbeitsgericht
ArbRAktuell	Arbeitsrecht Aktuell (Zeitschrift)
Art.	Artikel
Az.	Aktenzeichen
BAG	Bundesarbeitsgericht
BAGE	Entscheidungssammlung des Bundesarbeitsgerichts
BDSG	Bundesdatenschutzgesetz
BeckRS	Beck online Rechtsprechung
bEM	Betriebliches Eingliederungsmanagement
Beschl.	Beschluss
BetrVG	Betriebsverfassungsgesetz
BGB	Bürgerliches Gesetzbuch
BVerwG	Bundesverwaltungsgericht
DB	Der Betrieb (Zeitschrift)
d. h.	das heißt
DSGVO	Datenschutz-Grundverordnung
EFZG	Entgeltfortzahlungsgesetz
EuGH	Europäischer Gerichtshof
EzA	Entscheidungssammlung zum Arbeitsrecht
ggf.	gegebenenfalls
i. V. m.	in Verbindung mit
JA	Juristische Arbeitsblätter
KSchG	Kündigungsschutzgesetz
LAG	Landesarbeitsgericht
LAGE	Entscheidungssammlung der Landesarbeitsgerichte
m. w. N.	mit weiterem Nachweis
MDR	Monatsschrift für Deutsches Recht
NJW	Neue Juristische Wochenschrift (Zeitschrift)
NJW-RR	Neue Juristische Wochenzeitschrift Rechtsprechungs-Report (Zeitschrift)
NVwZ	Neue Zeitschrift für Verwaltungsrecht (Zeitschrift)
NZA	Neue Zeitschrift für Arbeitsrecht (Zeitschrift)

NZA-RR	Neue Zeitschrift für Arbeitsrecht Rechtsprechungs-Report (Zeitschrift)
NZS	Neue Zeitschrift für Sozialrecht (Zeitschrift)
RdA	Recht der Arbeit (Zeitschrift)
Rn.	Randnummer
RP	Rheinland-Pfalz
SGB	Sozialgesetzbuch
sog.	sogenannt
Urt.	Urteil
ZfA	Zeitschrift für Arbeitsrecht (Zeitschrift)
ZPO	Zivilprozessordnung
z. B.	zum Beispiel

A. Krankheitsbedingte Kündigung

I. Krankheitsbegriff

1. Medizinischer Krankheitsbegriff

Einige gesetzliche Bestimmungen knüpfen zwar an dem Begriff „Krankheit“ an, ohne den Begriff näher zu bestimmen. Der Gesetzgeber hat insoweit keine entsprechende Legaldefinition vorgenommen.[1] Im Rahmen der krankheitsbedingten Kündigung ist nach vorherrschender Meinung von dem medizinischen Krankheitsbegriff auszugehen.[2]

Krankheit im medizinischen Sinne liegt vor bei einem ärztlich diagnostizierten, nach außen in Erscheinung tretenden, auf die Funktionstätigkeit abgestellten Körper-, Geistes- oder Seelenzustand, der in der Regel durch eine ärztliche Heilbehandlung behoben werden kann. Dabei ist auf das Leitbild des gesunden Menschen gleichen Geschlechts und Alters abzustellen.[3]

Die Anführung des Vergleiches mit dem Leitbild des gesunden Menschen gleichen Geschlechts und Alters ist erforderlich, da die Leistungs- und Konzentrationsfähigkeit im Alter gewöhnlich abnimmt, ohne dass hierdurch bereits eine Krankheit vorliegt.[4] Eine erfolgreiche Heilbarkeit der Krankheit bzw. der Erkrankung bedarf es nicht, jedoch die Notwendigkeit einer Heilbehandlung.[5]

Durch den weitgefassten Krankheitsbegriff werden nicht nur körperliche Leiden, sondern auch seelische und psychosomatische Erkrankungen und Suchtkrankheiten erfasst.[6]

Aus diesem medizinischen Krankheitsbegriff folgt dann der arbeitsrechtliche „Krankheitsbegriff“, der in kündigungsrechtlichen Situationen eine Rolle spielt, da beide Krankheitsbegriffe nicht gleichbedeutend sind.[7]

Beim arbeitsrechtlichen Krankheitsbegriff stellt sich nämlich die Frage, ob der Arbeitnehmer bedingt durch die Krankheit in der Lage ist, die arbeits-

---

1 *Lepke*, S. 73; DHSW/*Bufalica*, KSchG § 1, Rn. 68.

2 *Lepke*, S. 73; *Schunder*, S. 90. DHSW/*Bufalica*, KSchG § 1, Rn. 68.

3 *Schunder*, S. 90.

4 Erfk/*Oetker*, KSchG § 1, Rn. 112.

5 BAG, Urt. v. 05.04.1976 – 5 AZR 397/75, DB 1976, S. 1386; APS/*Vossen*, KSchG § 1, Rn. 135.

6 BDDH/*Kerwer*, KSchG § 1, Rn. 432.

7 BeckOK ArbR./*Rolfs*, KSchG § 1, Rn. 160.

vertragliche Leistung ordnungsgemäß zu erbringen.[8] Daher ist eine Kündigung aufgrund einer Krankheit zulässig. Eine Krankheit ist als solche keine Behinderung im Sinne der Europäischen Richtlinie 2000/78/EG, sodass eine krankheitsbedingte Kündigung nicht im Ausgangspunkt eine Diskriminierung wegen einer Behinderung darstellt.[9] Anders könnte die kündigungsrechtliche Situation zu beurteilen sein, wenn die Beeinträchtigung der betrieblichen Belange auf eine Behinderung zurückzuführen ist. In diesem Fall sind die Bestimmungen des Allgemeinen Gleichbehandlungsgesetzes zu berücksichtigen.[10]

2. Krankheit und Arbeitsunfähigkeit

Ausgehend von der Herleitung des arbeitsrechtlichen Krankheitsbegriffs ist das Kernelement der Kausalzusammenhang zwischen der Erkrankung und der Einschränkung der Leistungsfähigkeit bzw. Arbeitsunfähigkeit, mithin der Fähigkeit zur Erbringung der geschuldeten Leistung.[11] Dieser Kausalzusammenhang wird allein nach objektiven Gesichtspunkten beurteilt.[12] Durch den Kausalzusammenhang wird deutlich, dass nicht jede Krankheit einen Kündigungsgrund darstellt, sondern lediglich dann zu beachten ist, wenn eine unmittelbare Auswirkung auf der Erbringung der Leistungspflicht im Rahmen des Arbeitsvertrages gegeben ist. Dabei setzt eine Arbeitsunfähigkeit nicht voraus, dass dem Arbeitnehmer die Erbringung der Leistung unmöglich ist, sondern es reicht aus, wenn infolge der Krankheit eine ärztliche Empfehlung besteht, sich der Arbeitsleistung zu enthalten[13]

Sofern der Kausalzusammenhang nicht besteht, mithin der Arbeitnehmer sich krankmeldet, ohne arbeitsunfähig zu sein, liegt kein personenbedingter, sondern ein verhaltensbedingter Kündigungsgrund vor.[14]

3. Kündigung während der Krankheit

Die Kündigung aufgrund einer Krankheit als solche ist nicht wirksam, es sei denn, von ihr geht eine unmittelbare Auswirkung auf das Arbeitsverhältnis aus. Dies beinhaltet jedoch zugleich, dass die Kündigung während der

8 BAG, Urt. v. 25.06.1981 – 6 AZR 940/78, NJW 1982, S. 712; BDDH/*Kerwer*, KSchG § 1, Rn. 432.
9 LKB/*Krause*, KSchG § 1, Rn. 333.
10 LKB/*Krause*, KSchG § 1, Rn. 333; ErfK/*Oetker*, KSchG § 1, Rn. 112.
11 *Lepke*, S. 79.
12 BAG, Urt. v. 17.02.1998 – 9 AZR 130/97, NZA 1999, S. 33.
13 *Lepke*, S. 81.
14 Erfk/*Oetker*, KSchG § 1, Rn. 113.

Krankheit, entgegen eines in der Praxis häufigen Irrglaubens, wirksam ausgesprochen werden kann. Es besteht mithin keine irgendwie geartete Kündigungssperre.[15] Dass die Möglichkeit besteht, auch während der Krankheit eine Kündigung auszusprechen, ergibt sich z. B. aus der Regelung des § 8 Entgeltfortzahlungsgesetz.[16]

Aus dieser Bestimmung folgt, dass der Gesetzgeber ebenfalls davon ausgeht, dass eine Kündigung wegen Krankheit und somit trotz Krankheit möglich ist.[17]

Somit besitzt der Arbeitnehmer allein aufgrund der Krankheit keinen besonderen Kündigungsschutz und die Kündigung ist auch nicht aufgrund des Maßregelverbotes (§ 612a BGB) unwirksam.[18] Eine Erkrankung des Arbeitnehmers hindert auch nicht den Ablauf der Kündigungsfrist.[19] Etwas anderes könnte dann gelten, wenn eine tarifvertragliche Norm den Ausspruch einer Kündigung wegen einer Erkrankung ausschließt und die Kündigung insoweit gemäß § 134 BGB nichtig ist.[20] Im Rahmen der tarifvertraglichen Regelungen ist auch zu beachten, dass, nach dem Vorliegen von bestimmten Voraussetzungen, das Arbeitsverhältnis seitens des Arbeitgebers nicht mehr ordentlich kündbar ist (vgl. § 34 Abs. 2 TVöD-AT). Dies gilt auch für den Fall einer Kündigung wegen einer Erkrankung und somit aus personenbedingten Gründen. In diesen Fällen ist eine außerordentliche Kündigung nicht grundsätzlich ausgeschlossen.[21] Allerdings ist eine derartige Kündigung nur in engen begrenzten Ausnahmefällen möglich, in dem die Fortsetzung des Arbeitsverhältnisses für den Arbeitgeber im Sinne von § 626 BGB unzumutbar ist.[22] Das BAG hält die Einhaltung der ordentlichen Kündigungsfrist für den Arbeitgeber als zumutbar.[23] Somit erfolgt dann der Ausspruch einer außerordentlichen Kündigung mit einer notwendigen Auslauffrist.

---

15 Erfk/*Oetker*, KSchG § 1, Rn. 110.
16 LKB/*Krause*, KSchG § 1, Rn. 333.
17 APS/*Vossen*, KSchG § 1, Rn. 137; *Lepke*, aaO., S. 110.
18 Schaub ArbR-HdB/*Linck* § 131, Rn. 31.
19 APS/*Vossen*, KSchG § 1, Rn. 137.
20 BDDH/*Kerwer*, KSchG § 1, Rn. 432.
21 *Howald*, S. 2.
22 APS/*Vossen*, BGB § 626, Rn. 83b.
23 BAG, Urt. v. 25.04.2018 – 2 AZR 6/18, NZA 2018, S. 1056.

II. Allgemeine Voraussetzung für den Kündigungsschutz im Rahmen des Kündigungsschutzgesetzes (KSchG)

1. Geltungsbereich des Kündigungsschutzgesetzes

Entsprechend der Vorschrift des § 23 KSchG gilt § 1 KSchG und somit der allgemeine Kündigungsschutz nur, sofern Betriebe und Verwaltungen die erforderliche Arbeitnehmeranzahl des § 23 Abs. 1 Satz 2 und Satz 3 KSchG aufweisen.

Die zuweilen in § 23 KSchG gerade für juristische Laien etwas verwirrend anmutende Unterscheidung im Hinblick auf die Mitarbeiteranzahl entstand durch eine Änderung dieser Bestimmung, die im Wesentlichen durch die Anhebung der Mitarbeiteranzahl, gültig ab dem 01.01.2004, ausgelöst wurde. Im Ergebnis wurde dadurch die Kündigungsfreiheit in Kleinstbetrieben gestärkt.[24]

Entsprechend der Regelung des § 23 Abs. 1 Satz 3 KSchG fand bis zum 31.12.2003 das Kündigungsschutzgesetz keine Anwendung, wenn der Arbeitgeber nicht mehr als fünf Arbeitnehmer beschäftigte. Insofern galt das Kündigungsschutzgesetz für Betriebe und Verwaltungen bei einer Mitarbeiteranzahl ab 5. Ab dem 01.01.2004 gilt das Kündigungsschutzgesetz erst, wenn der Arbeitgeber mehr als zehn Mitarbeiter beschäftigt, wobei nicht die Kopfzahl der Mitarbeiter zählt, sondern deren Arbeitszeit nach Arbeitsstunden. Insofern können in Betrieben und Verwaltungen auch mehr als zehn Mitarbeiter in Teilzeit beschäftigt sein, bevor erst eine Anwendung des KSchG gegeben ist.[25]

Für Betriebe und Verwaltungen, in denen am 31.12.2003 mehr als fünf Arbeitnehmer, aber weniger als zehn Arbeitnehmer beschäftigt waren, greift nunmehr die Bestandschutzregelung des § 23 Abs. 1 Satz 3 KSchG.[26] Danach gewährt diese Bestimmung noch den „Altarbeitnehmern", sofern deren Anzahl vor dem 31.12.2003 mehr als fünf betrug, weiterhin Kündigungsschutz. Für die Mitarbeiter, die ab dem 01.01.2004 eingestellt wurden, gilt hingegen die neue Regelung des Schwellenwertes von mehr als zehn Arbeitnehmern. Sofern hingegen die Mitarbeiterzahl bezüglich der „Altarbeitnehmer" fünf oder darunter ist, erlischt auch deren Kündigungsschutz.

Als weitere Voraussetzung bedarf es für den Kündigungsschutz nach § 1 KSchG einer Dauer des Arbeitsverhältnisses, ohne Unterbrechung, von län-

---

24 HWK/*Quecke*, KSchG § 23, Rn. 7.

25 ErfK/*Kiel*, KSchG § 23, Rn. 10; vgl. LKB/*Bayreuther*, KSchG § 23, Rn. 32.

26 ErfK/*Kiel*, KSchG § 23, Rn. 2.

ger als sechs Monaten. Entscheidend ist hierbei der Bestand des Arbeitsverhältnisses, eine konkrete Erfüllung der Arbeitsleistung ist für die Frage unerheblich.

2. Kündigungsschutz außerhalb des Geltungsbereiches

Wie zuvor angeführt gilt: Findet das Kündigungsschutzgesetz keine Anwendung, so kann die krankheitsbedingte Kündigung ohne eine Anwendung des Prüfungsmaßstabes des § 1 Abs. 2 KSchG ausgesprochen werden. Ein Kündigungsschutz außerhalb des Geltungsbereiches der §§ 1, 23 KSchG wird nach der Rechtsprechung dann vorliegen, wenn die Kündigung willkürlich oder auf sachfremden Motiven beruht. Mithin, so die Rechtsprechung des BAG, ist eine Kündigung dann rechtsmissbräuchlich, wenn kein irgendwie einleuchtender Grund für den Ausspruch der Kündigung besteht.[27]

Das LAG Baden-Württemberg sah in einer Entscheidung vom 18.06.2007 eine Kündigung als wirksam an, nachdem der Kläger 25 Jahre in einem Kleinstbetrieb beschäftigt war und in den letzten zehn Jahren eine durchschnittliche Arbeitsunfähigkeitsquote von mehr als 39 Arbeitstagen aufzeigte. Ein Verstoß gegen Treu und Glauben (§ 242 BGB) konnte das Gericht nicht feststellen.[28]

---

27 BAG, Urt. v. 22.04.2010 – 6 AZR 828/08, DB 2010, S. 1353, hierzu: *Weigert*, der zur Überprüfung der Wirksamkeit der Kündigung die Bestimmung des § 612a BGB heranzieht, in NZA 2019, S. 1671.

28 LAG Baden-Württemberg, Urt. v. 18.06.2007 – 4 Sa 14/07, AE 2007, S. 323.

III. Zeitpunkt der Kündigung/Pflichten der Vertragsparteien

1. Maßgeblicher Zeitpunkt der Kündigung

Der maßgebliche Zeitpunkt für die Prüfung und Beurteilung der krankheitsbedingten Kündigung ist dabei der Zeitpunkt des Zugangs der Kündigungserklärung beim Kündigungsempfänger.[29]

2. Auskunftspflicht des Arbeitnehmers

Umstritten ist die Frage, ob der Mitarbeiter gegenüber dem Arbeitgeber eine Auskunftspflicht bezüglich der Art und der Dauer der Krankheit hat. Ein Teil der Literatur bejaht die Auskunftspflicht unter dem Gesichtspunkt der Treuepflicht aus dem Arbeitsverhältnis.[30] Die herrschende Meinung verneint eine außergerichtliche Auskunftspflicht des Arbeitnehmers mangels einer gesetzlichen Anspruchsgrundlage.[31]

Ferner wird eine Auskunftspflicht mit dem Argument verneint, dass das Prozessrisiko dem Arbeitgeber nicht genommen werden soll, da der Gesetzgeber dem Arbeitgeber in einem Gerichtsprozess die Darlegungs- und Beweislast aufgebürdet hat.[32]

3. Erkundigungspflicht des Arbeitgebers

In der Rechtsprechung und der Literatur wurde zunächst angenommen, dass eine Verpflichtung des Arbeitgebers besteht, sich im Falle der Krankheit vor dem Ausspruch der Kündigung über den Verlauf der Krankheit beim Arbeitnehmer zu unterrichten.[33]

Nunmehr vertritt jedoch das BAG die Meinung, dass das Fehlen einer Erkundigung durch den Arbeitgeber nicht zur Sozialwidrigkeit der ordentlichen krankheitsbedingten Kündigung führt.[34] Die Auffassung des BAG ist konsequent, denn andernfalls müsste das BAG den Arbeitnehmer zu einer entsprechenden Auskunftspflicht heranziehen.[35]

---

29 BAG, Urt. v. 07.11.2002 – 2 AZR 475/01, NZA 2003, S. 719; BAG, Urt. v. 20.11.2014 – 2 AZR 664/13, NZA 2015, S. 931.

30 KR-*Etzel*, KSchG § 1, Rn. 367.

31 BAG, Urt. v. 25.11.1982 – 2 AZR 140/81, NJW 1983, S. 2897; ErfK/*Oetker*, KSchG § 1, Rn. 121; BDDH/*Kerwer*, KSchG § 1, Rn. 467.

32 *Lepke*, S. 153.

33 BAG, Urt. v. 12.03.1968 – 1 AZR 413/67, AP Nr. 1 zu § 1 KSchG Krankheit.

34 BAG, Urt. v. 25.11.1982 – 2 AZR 140/81, NJW 1983, S. 2897.

35 BDDH/*Kerwer*, KSchG § 1, Rn. 467.

IV. Fallgruppen der krankheitsbedingten Kündigung

Sofern das KSchG Anwendung findet, wird bei der rechtlichen Prüfung einer krankheitsbedingten Kündigung vorab in vier Fallgruppen unterschieden:[36]

- Kündigung wegen häufiger Kurzerkrankungen (Fallgruppe 1)
- Kündigung wegen lang andauernder Erkrankung (Fallgruppe 2)
- Kündigung wegen dauerhafter, krankheitsbedingter Arbeitsunfähigkeit (Fallgruppe 3)
- Kündigung wegen krankheitsbedingter Minderung der Leistungsfähigkeit (Fallgruppe 4)

In allen vier Fallgruppen erfolgt sodann die jeweilige Prüfung der krankheitsbedingten Kündigung nach einem dreistufigen Prüfungsschema.

Dieses Prüfungsstufenschema[37] beinhaltet:

- Stufe 1: Das Vorliegen einer negativen Gesundheitsprognose
- Stufe 2: Das Bestehen von erheblichen Beeinträchtigungen betrieblicher Interessen aufgrund der entstandenen und prognostizierten Fehlzeiten
- Stufe 3: Die Durchführung einer umfassenden Interessenabwägung
- Diese dreistufigen Prüfungsschritte erhalten insoweit ihre spezifische Ausprägung je nach Art der zu prüfenden Fallgruppe.[38]

1. Fallgruppe 1: Häufige Kurzerkrankungen

1.1 Begriff

Von dem Begriff „Häufige Kurzerkrankungen" wird gesprochen, wenn der Arbeitnehmer mehrmals im Jahr erkrankt ist, ohne dass ein Grund und eine Grenze bzw. Muster erkennbar sind.[39] Dabei können auch die Zeiträume einer lang andauernden Krankheit und die Zeiträume häufiger Kurzerkrankungen zusammengerechnet werden.[40]

---

36 BDDH/*Kerwer*, KSchG § 1, Rn. 453; DHSW/*Bufalica*, KSchG § 1, Rn. 70; LKB/*Krause*, KSchG § 1, Rn. 334, *Roos*, S. 617.

37 DHSW/*Bufalcia*, KSchG § 1, Rn. 70; ErfK/*Oetker*, KSchG § 1, Rn. 139.

38 *Lingemann/Ludwig*, S. 385.

39 BDDH/*Kerwer*, KSchG § 1, Rn. 453.

40 *Lepke*, S. 186.

1.2 Voraussetzungen

1.2.1 Negative Gesundheitsprognose

Die negative Gesundheitsprognose beinhaltet, dass zum Zeitpunkt der Kündigung der Arbeitgeber damit rechnen muss, dass der Arbeitnehmer auch zukünftig in erheblichem Umfang krankheitsbedingt arbeitsunfähig ist.[41] Mithin müssen objektive Tatsachen vorliegen, die darauf schließen lassen, dass auch künftig mit erheblichen krankheitsbedingten Fehlzeiten zu rechnen ist.[42] Somit ist die krankheitsbedingte Kündigung keine Sanktion für vergangene krankheitsbedingte Fehlzeiten.[43] Für die auf der Basis von medizinischen Fakten zu begründende Prognose sind die bisherigen objektiv feststellbaren Krankheitszeiten heranzuziehen. Diese spielen eine mittelbare Rolle.[44] Somit können frühere, in der Vergangenheit, liegende Fehlzeiten zur Begründung der Prognose herangezogen werden.[45]

Umstritten ist dabei der maßgebliche Zeitraum, der herangezogen werden soll, in dem die bisherigen Krankheitstage aufgetreten sind. Das BAG hat in einer Entscheidung vom 19.05.1993 angegeben, dass ein Zeitraum von zwei bis drei Jahren ausreichend sei, um eine sichere Prognose abgeben zu können, wobei in der jüngeren Rechtsprechung des BAG nicht von einem starren Zeitraum gesprochen wird.[46] Es ist stets auf den Einzelfall abzustellen und keine schematische Beurteilung. Somit könnte auch grundsätzlich ein kürzerer Zeitraum in Betracht kommen. Das BAG hat dabei aber wiederholt einen Referenzzeitraum von drei Jahren angenommen, soweit keine Besonderheiten vorliegen.[47]

Unabhängig von der Frage nach dem zeitlichen Rahmen ergibt sich aber, dass, je länger der Zeitraum im Hinblick auf die Darstellung der Fehlzeiten ausfällt, desto bestimmter ist auch die Prognose, die hieran geknüpft werden kann.[48] Im Rahmen des aufgezeigten Zeitraumes muss allerdings ergänzend beachtet werden, dass die Indizwirkung nur von solchen Erkrankungen aus-

41 LKB/*Krause*, KSchG § 1, Rn. 347.
42 BDDH/*Kerwer*, KSchG § 1, Rn. 456.
43 LKB/*Krause*, KSchG § 1, Rn. 347.
44 APS/*Vossen*, KSchG § 1, Rn. 140.
45 APS/*Vossen*, KSchG § 1, Rn. 140.
46 BAG, Urt. v. 19.05.1993 – 2 AZR 598/92, NZA 1993, S. 1075; BAG, Urt. v. 10.11.2005 – 2 AZR 44/05, NZA 2006, S. 655; *Richter*, 255.
47 BAG, Urt. v. 25.04.2018 – 2 AZR 6/18, NZA 2018, S. 1056; ErfK/*Oetker* KSchG § 1, Rn. 144.
48 BDDH/*Kerwer*, KSchG § 1, Rn. 457.

geht, bei denen auch eine Wiederholungsgefahr besteht.[49] Daher fallen hierunter nicht Krankheiten, die bereits ausgeheilt sind.[50]

Allerdings ist hiervon eine Ausnahme zu machen, wenn die Fehlzeiten aufgrund verschiedener ausgeheilter Krankheiten erfolgen und aus der Gesamtheit des Krankheitsbildes ein Rückschluss auf eine unzureichende Konstitution oder besondere Krankheitsauffälligkeit gezogen werden kann.[51] Dabei ist es dann nicht entscheidend, dass die einzelnen Krankheiten ausgeheilt sind.[52] Derartige Fälle sind bei Entzündungserkrankungen und Erkältungserkrankungen, sowie Beschwerden des Bewegungsapparates gegeben.[53]

Nicht in die Prognose einzubeziehen sind Krankheiten, die offensichtlich aus einer einmaligen Ursache[54] heraus entstanden sind, so Unfälle[55], aber auch akute Eingriffe, die die Krankheit damit beenden (z. B. eine Blinddarmoperation).[56] Etwas anderes könne aber dann gelten, wenn der Arbeitnehmer aufgrund von Sportunfällen mehrmals ausfalle. Hierbei könnte auf eine besondere Verletzungsanfälligkeit geschlossen werden.[57]

Weitere Entwicklungen des Gesundheitszustandes nach dem Zeitpunkt des Zugangs der Kündigung können keine Berücksichtigung finden. Dieser nachträgliche Kausalverlauf wird bei der Beurteilung der negativen Gesundheitsprognose bezüglich der Wirksamkeit der Kündigung nicht berücksichtigt.[58] Dies könnte der Fall sein, wenn eine Operation oder Behandlung zunächst abgelehnt und nach dem Zugang der Kündigung zugestimmt wird oder eine Änderung der Lebensführung (z. B. gesündere Ernährung) eintritt.[59]

---

49 BAG, Urt. v. 07.12.1989 – 2 AZR 225/89, NZA 1990, S. 658; BDDH/*Kerwer*, KSchG § 1, Rn. 457; *Roos*, S. 617.

50 BAG, Urt. v. 07.11.2002 – 2 AZR599/01, NZA 2003, S. 816.

51 BAG, Urt. v. 10.11.2005 – 2 AZR 44/05, NZA 2006, S. 656; BAG, Urt. v. 23.01.2024 – 2 AZR 582/13, NZA 2014, S. 962.

52 BAG, Urt. v. 20.11.2014 – 2 AZR 755/13, NZA 2015, S. 612; APS/*Vossen*, KSchG § 1, Rn. 141.

53 BDDH/*Kerwer*, KSchG § 1, Rn. 458.

54 BAG, Urt. v. 20.11.2014 – 7 AZR 755/13, NZA 2015, S. 612.

55 LKB/*Krause*, KSchG § 1, Rn. 349.

56 LKB/*Krause*, KSchG § 1, Rn. 349.

57 BAG, Urt. v. 02.11.1989 – 2 AZR 335/89, BeckRS 1989, 30732331; APS/*Vossen*, KSchG § 1, Rn. 141.

58 BAG, Urt. v. 29.04.1999 – 2 AZR 431/98, NZA 1999, S. 978; APS/*Vossen*, KSchG § 1, Rn. 140 c.

59 BAG, Urt. v. 17.06.1999 – 2 AZR 639/98, NZA 1999, S. 1328; APS/*Vossen*, KSchG § 1, Rn. 201; BDDH/*Kerwer*, KSchG § 1, Rn. 462.

Allerdings könnten spätere Entwicklungen einen Wiedereinstellungsanspruch begründen, wenn die ursprüngliche negative Prognose nachträglich entfallen würde.[60]

Hierbei muss die positive Gesundheitsprognose noch während des Laufes der Kündigungsfristen eintreten.[61] Zudem muss nach dem Vortrag des Arbeitnehmers von einer positiven Prognose auszugehen sein.[62]

Liegt eine negative Indizwirkung vor, so hat der Arbeitnehmer gem. § 138 Abs. 2 ZPO darzulegen, weshalb mit einer baldigen Genesung zu rechnen ist, wobei es ausreicht, wenn er zunächst die Behauptung des Arbeitgebers bestreitet und vorträgt, dass die behandelnden Ärzte ihm eine gesundheitliche Entwicklung positiv beschieden hätten und er die behandelnden Ärzte von der Schweigepflicht entbindet.[63] Trägt der Arbeitnehmer im Prozess konkret die näheren Umstände für seine Beschwerden, ihre Ausheilung vor, muss der Vortrag dann geeignet sein, die Indizienwirkung zu beseitigen.[64] Darüber hinaus muss er die Ärzte von der Schweigepflicht entbinden, da eine Weigerung dazu führt, dass die Behauptung des Arbeitgebers als zugestanden gilt.[65]

1.2.2 Erhebliche Beeinträchtigungen betrieblicher Interessen

Als weitere Voraussetzungen bedarf es der erheblichen Beeinträchtigung betrieblicher Interessen. Diese können sowohl in der Gestalt der Betriebsablaufstörungen als auch in anderen Formen von wirtschaftlichen Belastungen des Arbeitgebers zu sehen sein.[66]

Dabei umfasst der Begriff Betriebsablaufstörungen sowohl den vollständigen Stillstand der Maschinen und den Rückgang der Produktion als auch die Überbelastung der anderen Arbeitnehmer durch Mehrarbeit und den hierdurch gestörten Betriebsfrieden.[67] Des Weiteren unterfällt dem Begriff der Betriebsablaufstörungen auch der Abzug von Arbeitskräften aus ande-

---

60 BAG, Urt. v. 29.04.1999 – 2 AZR 431/98, NZA 1999, S. 978; BDDH/*Kerwer*, KSchG § 1, Rn. 463.

61 BAG, Urt. v. 27.06.2001 – 7 AZR 662/99, NZA 2001, S. 1135; LKB/*Krause*, KSchG § 1, Rn. 353.

62 BAG, Urt. v. 17.06.1999 – 2 AZR 639/98, NZA 1999, S. 1328.

63 BAG, Urt. v. 16.02.1989 – 2 AZR 299/89, NZA 1989, S. 923; DHSW/*Bulfalica*, KSchG § 1, Rn. 78.

64 BAG, Urt. v. 06.09.1989 – 2 AZR 118/89, NZA 1990, S. 305.

65 DHSW/*Bulfalica*, KSchG § 1, Rn. 78.

66 *Roos*, S. 617.

67 LKB/*Krause*, KSchG § 1, Rn. 373.

ren Arbeitsbereichen, in denen sie benötigt werden.[68] Die Erstellung von Schichtplänen, aber auch die Verärgerung der Kunden, da Aufträge nicht termingerecht abgewickelt werden können, stellen eine Beeinträchtigung von betrieblichen Belangen dar.[69] An einer erforderlichen Betriebsablaufstörung fehlt es, wenn der Arbeitgeber irgendwie geartete Überbrückungsmaßnahmen ergreifen kann oder aber den Arbeitnehmer aus betriebsbedingten Gründen nicht beschäftigen kann.[70] Überbrückungsmaßnahmen können hierbei vom Arbeitgeber auch durch eine Umorganisation der Arbeit, der Anordnung von Überstunden oder der Einsatz von Leiharbeitnehmern darstellen.[71]

Der Arbeitgeber ist jedoch nicht verpflichtet, eine Personalreserve vorzuhalten.[72] Hat der Arbeitgeber keine Personalreserve, so kann ihm nicht entgegengehalten werden, dass die Ablaufstörungen, die eingetreten sind, durch eine Personalreserve hätten verhindert werden können.[73]

Die betriebliche Ablaufstörung und somit die Beeinträchtigung der betrieblichen Belange bedarf einer Erheblichkeit; mithin muss diese über gelegentliche Überstunden von Arbeitskollegen und somit geringe Störungen hinausgehen.[74] Neben den zuvor aufgeführten Betriebsablaufstörungen sind bei der Beurteilung der erheblichen Beeinträchtigung betrieblicher Interessen auch die wirtschaftlichen Belastungen zu berücksichtigen. Dies sind Kosten der Überbrückungsmaßnahmen, wie z. B. Bezahlung von Überstunden oder die lohnpflichtige Beschäftigung von Aushilfskräften.[75]

Umstritten ist, ob unter diesem Prüfungspunkt auch die Entgeltfortzahlungskosten zu zählen sind. Ein Teil der Literatur[76] sieht die Entgeltfortzahlungskosten nicht als kündigungsrechtlich relevant, zum Teil sogar als einen Wertungswiderspruch zu § 612a BGB an. Das BAG sieht hingegen auch allein die Leistung von Entgeltfortzahlungskosten durch den Arbeitgeber als eine erhebliche Störung des Austauschverhältnisses und somit als eine erhebliche Beeinträchtigung betrieblicher Belange an.[77] Allerdings ist zu berücksichtigen, dass von der Rechtsprechung des Bundesarbeitsgerichtes Entgeltfortzahlungskosten nur dann als relevant angesehen werden, wenn

68 APS/*Vossen*, KSchG § 1, Rn. 155.
69 ErfK/*Oetker*, KSchG § 1, Rn 140; APS/*Vossen*, KSchG § 1, Rn. 155.
70 APS/*Vossen*, KSchG § 1, Rn. 156; BDDH/*Kerwer*, KSchG § 1, Rn. 479.
71 LKB/*Krause*, KSchG § 1, Rn. 372.
72 BAG, Urt. v. 29.07.1993 – 2 AZR 155/93, NZA 1994, S. 67.
73 BDDH/*Kerwer*, KSchG § 1, Rn. 479.
74 BDDH/*Kerwer*, KSchG § 1, Rn. 480.
75 BAG, Urt. v. 16.02.1989 – 2 AZR 299/88, NZA 1989, S. 923.
76 ErfK/*Oetker*, KSchG § 1, Rn. 141 mit Darstellung des Meinungsstreits.
77 BAG, Urt. v. 22.07.2021 – 2 AZR 125/21, NZA 2021, S. 1551.

diese eine Zeit von mehr als sechs Wochen übersteigen. Unterhalb der 6-Wochen-Grenze geht das Gericht davon aus, dass eine Erheblichkeit nicht gegeben ist.[78] Jedoch stellt die Rechtsprechung nicht hinreichend klar, wann die Schwelle der Erheblichkeit überschritten ist, so ein Kritikpunkt der Praxis. Insofern besteht hier, aufgrund der unbestimmten Rechtsbegriffe, ein Unsicherheitsfaktor zulasten des Arbeitgebers.[79] Der 6-Wochen-Zeitraum gilt auch dann, wenn der Arbeitgeber aufgrund eines Tarifvertrages über einen längeren Zeitraum Entgeltfortzahlung leisten muss.[80]

Als erheblich und damit geeignet als Kündigungsgrund wird von der Rechtsprechung erachtet, wenn über einen Zeitraum von mindestens zwei Jahren Entgeltfortzahlung von mehr als sechs Wochen zu zahlen war und aufgrund der negativen Prognose anzunehmen ist, dieser Zustand werde sich nicht ändern.[81] im Übrigen ist allerdings auf einen Zeitraum von drei Jahren abzustellen.[82] Krankheitsbedingte Ausfallzeiten unterhalb des 6-Wochen-Zeitraums im Jahr sind dann zu berücksichtigen, wenn diese mit Betriebsablaufstörungen zusammenfallen.[83]

1.2.3 Interessenabwägung

Sofern im Rahmen der Prüfung der personenbedingten/krankheitsbedingten Kündigung die negative Gesundheitsprognose und die erheblichen Beeinträchtigungen der betrieblichen Interessen gegeben sind, liegt ein Kündigungsgrund vor. Nach der Rechtsprechung des BAG bedarf es dann noch ergänzend einer Interessenabwägung.[84]

Danach ist die personenbedingte Kündigung nur dann sozial gerechtfertigt im Sinne des § 1 Abs. 2 KSchG, wenn nach den Umständen des Einzelfalls, im Rahmen einer umfassenden Interessenabwägung zwischen den prognostizierten Belastungen des Arbeitgebers und den Folgen der Kündigung aufseiten des Arbeitnehmers, die Interessen des Arbeitgebers überwiegen.[85] Die erforderliche Interessenabwägung muss alle wesentlichen

78 BAG, Urt. v. 10.11.2005 – 2 AZR 44/05, NZA 2006, S. 655; LKB/*Krause*, KSchG § 1, Rn. 377.

79 *Kasper*, S. 2981, der eine notwendige Rückkehr zum Vertragsrecht fordert.

80 ErfK/Oetker, KSchG § 1, Rn. 144.

81 ErfK/*Oetker*, KSchG § 1, Rn. 144, BAG, Urt. v. 23.01.2014 – 2 AZR 582/13, NZA 2014, S. 962.

82 BAG, Urt. v. 23.01.2014 – 2 AZR 582/13, NZA 2014, S. 962; BAG, Urt. v. 22.07.2021 – 2 AZR 125/21, NZA 2021, S. 1551.

83 BDDH/*Kerwer*, KSchG § 1, Rn. 485.

84 BAG, Urt. v. 07.11.1985 – 2 AZR 657/84, NZA 1986, S. 360.

85 APS/*Vossen*, KSchG § 1, Rn. 168.

Umstände des Einzelfalles berücksichtigen, vollständig sein und darf keine Widersprüche aufweisen.[86]

Somit sind die Interessen des Arbeitsgebers an einer Beendigung des Arbeitsverhältnisses mit dem Bestandschutzinteresse des Arbeitnehmers abzuwägen.[87]

Auf Seiten des Arbeitgebers ist insbesondere zu prüfen, ob er Störungen des Arbeitsablaufs durch nicht störende organisatorische Maßnahmen hätte verhindern können und für die Erheblichkeit der Beeinträchtigung ist es bedeutsam, ob die in den Entgeltfortzahlungskosten zum Ausdruck kommenden Ausfälle in dem gekündigten Arbeitsverhältnis deutlich über denen von vergleichbaren Arbeitnehmern liegen.[88]

Bezüglich der Frage, ob die Störungen durch Maßnahmen des Arbeitgebers hätten verhindert werden können, gehört auch die Prüfung einer Weiterbeschäftigung auf einem anderen (leidensgerechteren) Arbeitsplatz.[89]

Bezüglich der Beurteilung des Maßes der betrieblichen und wirtschaftlichen Beeinträchtigung ist auch die Größe des Betriebes zu berücksichtigen.[90]

Die Belastung mit Entgeltfortzahlungskosten kann ausreichen, wenn diese außergewöhnlich hoch sind.[91] Das BAG sieht eine außergewöhnliche hohe Belastung dann gegeben, wenn der 6-Wochen-Zeitraum der Entgeltfortzahlung um 50 % überschritten wird und hat daher Fehlzeiten von 45 Tagen im Jahr als erheblich eingestuft.[92]

Im Laufe der Rechtsprechung haben sich einige Umstände herauskristallisiert, die zugunsten des Arbeitnehmers zu berücksichtigen sind:

a.) Ursachen der Erkrankung

Einhellig wird die Ursache der Krankheit in eine Interessenabwägung miteinbezogen. Hierbei wird der Erkrankung infolge betrieblicher Umstände eine besondere Bedeutung beigemessen, insbesondere, wenn diese auf betriebliche Ursachen zurückzuführen ist.[93]

86 APS/*Vossen*, KSchG § 1, Rn. 173.
87 LKB/*Krause*, KSchG § 1, Rn. 380.
88 *Roos*, S. 617.
89 ErfK/*Oetker*, KSchG § 1, Rn. 141; BAG. Urt. v. 15.12.2023 – 2 AZR 162/22, NZA 2023, S. 500.
90 BDDH/*Kerwer*, KSchG § 1, Rn. 506.
91 BAG, Urt. v. 05.07.1990 – 2 AZR 154/90, NZA 1991, S. 185; BAG, Urt. v. 25.04.2018 – 2 AZR 6/18, NZA 2018, S. 1056.
92 BAG, Urt. v. 06.09.1989 – 2 AZR 224/89, NZA 1990, S. 434; LKB/*Krause*, KSchG § 1, Rn. 382.
93 LKB/*Krause*, KSchG § 1, Rn. 384.

Insofern ist ggf. auch zu überprüfen, ob sogar ein Verschulden des Arbeitgebers im Rahmen seiner Fürsorgepflicht vorliegt, die letztlich zur Erkrankung des Arbeitnehmers geführt hat.[94] Eine Verletzung der Fürsorge des Arbeitgebers wäre zum Beispiel in einem Unterlassen von notwendigen Schutz- und Sicherungsmaßnahmen zu sehen.[95] Aber auch eine Überlastung aufgrund eines bestehenden Personalmangels oder einer langjährigen schweren Tätigkeit können eine Ursache bilden.[96] Der Arbeitnehmer muss jedoch die Kausalität zwischen Umständen am Arbeitsplatz und den krankheitsbedingten Fehlzeiten darlegen, wenn der Arbeitgeber diese bestreitet.[97]
Der Arbeitgeber muss sodann, nach dem Vortrag des Arbeitnehmers, der angeführten Kausalität entgegentreten und beweisen, dass ein derartiger Zusammenhang gerade nicht besteht. Bleibt die Sachlage auch nach der Beweisaufnahme ungeklärt, so geht dies zulasten des Arbeitgebers.[98]
Neben den bereits angeführten Fehlzeiten des betroffenen Arbeitnehmers sind auch nähere Umstände der ausgeübten Tätigkeit zu berücksichtigen. So hat das BAG in seiner Entscheidung vom 07.11.2002 angeführt, dass überdurchschnittliche Arbeitsunfähigkeitszeiten auch durch einen Wechsel zwischen einer warmen und kalten Arbeitsumgebung sowie Dämpfe und Säuren hervorgerufen werden kann. Des Weiteren seien auch die Arbeitszeiten des Arbeitnehmers zu berücksichtigen. Im vorliegenden Fall hatte der Kläger monatlich zwischen 230 und 240 Stunden gearbeitet, sodass dieser Aspekt zugunsten des Arbeitnehmers zu berücksichtigen ist.[99]
Von besonderer Bedeutung ist die Frage nach der Ursache der Arbeitsunfähigkeit, nämlich dann, wenn der Arbeitnehmer die Ursache für seine Arbeitsunfähigkeit selbst gesetzt und somit auch verschuldet hat, z. B. in der übermäßigen Ausübung einer Nebentätigkeit unter Überschreitung der Grenze des Arbeitszeitgesetzes oder auch in einer übermäßigen sportlichen Betätigung.[100]

b.) Vergleich mit der Fehlquote der Arbeitskollegen

In einer Interessenabwägung ist auch die Höhe der Fehlzeiten aufgrund der Arbeitsunfähigkeit zu berücksichtigen, im Vergleich zu den krankheitsbedingten Fehlquoten seiner Arbeitskollegen. Befinden sich die bei-

94 *Lepke*, S. 241.
95 APS/*Vossen*, KSchG § 1, Rn. 174.
96 BDDH/*Kerwer*, KSchG § 1, Rn. 494.
97 BDDH/*Kerwer*, KSchG § 1, Rn. 494.
98 LKB/*Krause*, KSchG § 1, Rn. 385.
99 BAG, Urt. v. 07.11.2002 – 2 AZR 599/01, NZA 2003, S. 719.
100 APS/*Vossen*, KSchG § 1, Rn. 176 m. w. N.

den vergleichbaren Fehlquoten auf einer Ebene, so ist dies zugunsten des Arbeitnehmers zu werten. Es bedarf dann einer noch erhöhten Fehlquote, um die Kündigung zu rechtfertigen.[101]

c.) **Lange störungsfreie Betriebszugehörigkeit**
Die Dauer der Betriebszugehörigkeit des Arbeitnehmers spielt bei der Interessenabwägung ebenfalls eine erhebliche Rolle. Verkürzt ausgedrückt bedeutet dies, dass der Arbeitnehmer schutzwürdiger ist, desto länger das Arbeitsverhältnis beanstandungsfrei bestanden hat.[102]
Im Rahmen der Überprüfung des störungsfreien Verlaufs des Arbeitsverhältnisses sind dabei auch Fehlzeiten, bei denen keine Wiederholungsgefahr besteht oder aber die unterhalb des Entgeltfortzahlungszeitraums liegen, mit zu berücksichtigen.[103]
Hat der Arbeitgeber bei Einstellung des Arbeitnehmers bereits Kenntnis von einer chronischen Erkrankung, so stellt sich die Frage, ob dies im Rahmen der Interessenabwägung zugunsten des Arbeitnehmers zu berücksichtigen ist. Diese Frage ist in der Literatur umstritten. Das BAG hat dies im Ergebnis bejaht.[104] Demgegenüber führen Vertreter der Literatur an, dass der Arbeitgeber im Kern nicht bestraft werden darf, weil er einem Arbeitnehmer mit einer chronischen Erkrankung eine Chance gegeben hat, eine Tätigkeit auszuüben und darauf vertraute, dass mögliche Fehlzeiten nicht eintreten werden.[105]

d.) **Unterhaltspflichten und familiäre Situation**
Umstritten ist die Frage, ob die familiäre Situation und die Unterhaltspflichten des Arbeitnehmers innerhalb der Interessenabwägung zu berücksichtigen sind. Ein Teil der Literatur vertritt die Meinung, dass das Kündigungsschutzgesetz die Berücksichtigung von sozialen Gesichtspunkten nur bei der betriebsbedingten Kündigung vorsieht, und daher diese Aspekte nicht innerhalb der Interessenabwägung zur personenbedingten Kündigung zu berücksichtigen sind.[106]

---

101 BAG, Urt. v. 15.02.1984 – 2 AZR 573/82, NZA 1984, S. 87; BDDH/*Kerwer*, KSchG § 1, Rn. 496.

102 BAG, Urt. v. 15.02.1984 – 2 AZR 573/82, NZA 1984, S. 87; BAG, Urt. v. 05.07.1990 – 2 AZR 154/90, NZA 1991, S. 188.

103 BDDH/*Kerwer*, KSchG § 1, Rn. 498.

104 BAG, Urt. v. 10.06.1969 – 2 AZR 94/68, NJW 1969, S. 1871; APS/*Vossen*, KSchG § 1, Rn. 178; DHSW/*Bufalica*, KSchG § 1, Rn. 91.

105 LKB/*Krause*, KSchG § 1, Rn. 386; Darstellung des Meinungsstreits in BDDH/*Kerwer*, KSchG § 1, Rn. 500, ebenso *Lepke*, S. 196 u. 197.

106 *Lepke*, S. 248; BeckOK Arbeitsrecht/*Rolfs*, KSchG § 1, Rn. 120.

Das BAG führt in seiner Rechtsprechung jedoch aus, dass die Unterhaltspflichten des Arbeitnehmers grundsätzlich zu berücksichtigen sind.[107] Das BAG argumentiert hierbei damit, dass der Arbeitgeber beim Abschluss des Arbeitsvertrages erkennen kann, dass der Arbeitnehmer seine Arbeit aufnimmt, um Unterhaltspflichten nachzukommen.[108] Bei dieser Argumentation dürfte auch eine Rolle spielen, dass der Verlust des Arbeitsplatzes durch eine arbeitgeberseitige Kündigung weitergehende, über die reine Beendigung des Arbeitsverhältnisses hinausgehende Auswirkungen hat, wie z. B. auch auf Familienmitglieder, die ggf. von dem Einkommen des Arbeitnehmers finanziell abhängig sind. Insofern gilt, je mehr Unterhaltspflichten den Arbeitnehmer treffen, desto schutzwürdiger ist er auch zu betrachten.[109]

e.) Länge der Betriebszugehörigkeit und das Lebensalter des Arbeitnehmers

Die zunehmende Länge der Betriebszugehörigkeit wirkt sich zugunsten des Arbeitnehmers aus, da nach der Ansicht der herrschenden Meinung damit auch die Fürsorgepflicht des Arbeitgebers steigt.[110]

Auch das Lebensalter des Arbeitnehmers ist im Rahmen der Interessenabwägung zu berücksichtigen. Dieser Aspekt ist im Zusammenhang damit zu sehen, dass ältere Arbeitnehmer, die womöglich ihr ganzes Berufsleben bei einem Arbeitgeber gearbeitet haben, geringere Chancen haben, eine neue Anstellung zu finden und somit bei dem Verlust des Arbeitsplatzes härter betroffen sind als jüngere Arbeitnehmer.[111]

f.) Chancen auf dem Arbeitsmarkt

Die Chancen des Arbeitnehmers auf dem Arbeitsmarkt sind ebenfalls zugunsten des Arbeitnehmers zu berücksichtigen, wenn dieser – ggf. auch nach einer Umschulung – nur schwer eine neue Anstellung findet.[112]

g.) Störungen des Betriebsablaufs und Größe des Betriebs

Die Störung des Betriebsablaufs im Zusammenhang mit der Betriebsgröße spielt bei der Abwägung der beidseitigen Interessen, verbunden mit den wirtschaftlichen Belastungen eine Rolle.[113]

In der Regel ist in einem Kleinbetrieb der wiederholte Ausfall einer Arbeitskraft schwerer auszugleichen als in einem Großbetrieb, der ggf.

---

107 BAG, Urt. v. 10.11.2005 – 2 AZR 44/05, NZA2006, S. 655; BAG, Urt. v. 25.04.2018 – 2 AZR 6/18, NZA 2018, S. 1056; ErfK/*Oetker*, KSchG § 1, Rn. 151.

108 BAG, Urt. v. 20.01.2000 – 2 AZR 378/99, NZA 2000, S. 768; BDDH/*Kerwer*, KSchG § 1, Rn. 504.

109 BDDH/*Kerwer*, KSchG § 1, Rn. 504.

110 *Lepke*, S. 246; LAG Berlin, Urt. v. 28.08.2001 – 10 Sa 1166/01, NZA-RR 2002, S. 465.

111 *Lepke*, S. 247.

112 BDDH/*Kerwer*, KSchG § 1, Rn. 503; APS/*Vossen*, KSchG § 1, Rn. 181.

113 *Lepke*, S. 252; BDDH/*Kerwer*, KSchG § 1, Rn. 506.

noch eine Personalreserve vorhält. Weiterhin ist auch zu berücksichtigen, ob durch den krankheitsbedingten Arbeitsausfall ersatzweise durchzuführende Tätigkeiten zu einer Leistungs- bzw. Arbeitsverdichtung führen und damit auch zu einer zusätzlichen Verärgerung der von der Tätigkeit betroffenen Arbeitnehmer bzw. Kollegen.[114]

Im Rahmen der Prüfung der Störung des Betriebsablaufes ist zu klären, ob der Arbeitgeber über eine Personalreserve verfügt. Dabei gibt es keine Verpflichtung zum Vorhalten einer Personalreserve.[115] Hat der Arbeitgeber hingegen eine Personalreserve vorgehalten und kommt es trotzdem zu betrieblichen Belastungen, so wirkt sich dies nicht zu Lasten des Arbeitgebers aus.[116] Zu überprüfen ist hierbei auch, ob dem Arbeitgeber anderweitige Überbrückungsmaßnahmen zur Verfügung stehen und die Umsetzung für ihn zumutbar ist. Zu denken wäre hierbei an den Einsatz von Aushilfskräften.[117] Die Möglichkeit der Einstellung von Aushilfskräften ist jedoch bei häufigen Kurzerkrankungen nur eingeschränkt möglich.[118] Dabei ist auch die Position und Aufgabenstellung des erkrankten Arbeitnehmers zu berücksichtigen. Je höher die Position und je spezieller das Aufgabenfeld ist, desto höher kann das Interesse des Arbeitgebers an eine dauerhafte Besetzung der Stelle sein.[119] Schließlich ist auch die wirtschaftliche Lage des Arbeitgebers im Rahmen der Zumutbarkeit von Überbrückungsmaßnahmen zu berücksichtigen.[120]

2. Fallgruppe 2: Lang andauernde Erkrankung

2.1 Begriff

Auch bei zeitlich lang andauernder Erkrankung kommt grundsätzlich eine sozial gerechtfertigte Kündigung in Betracht. Der Begriff „lang andauernde Erkrankung“ ist gesetzlich nicht erfasst. Vielmehr umschreibt dieser einen Umstand, dass ein Arbeitnehmer über einen längeren Zeitraum, ohne dass die Genesung bereits abgeschlossen ist, seiner Arbeitsleistung nicht nachkommen kann.[121]

---

114 *Lepke*, S. 253.

115 BAG, Urt. v. 29.07.1993 – 2 AZR 155/93, NZA 1994, S. 67.

116 BAG, Urt. v. 16.02.1989 – 2 AZR 299/88, NZA 1989, S. 923; DHSW/*Roos*, KSchG § 1, Rn. 80.

117 BDDH/*Kerwer*, KSchG § 1, Rn. 505.

118 *Lepke*, S. 254.

119 APS/*Vossen*, KSchG § 1, Rn. 182.

120 APS/*Vossen*, KSchG § 1, Rn. 182, BAG, Urt. v. 22.02.1980 – 7 AZR 295/78, NJW 1981, S. 298.

121 *Roos*, S. 617.

2.2 Voraussetzungen

2.2.1 Negative Gesundheitsprognose

Auch bei der lang andauernden Erkrankung ist vorliegend grundsätzlich eine negative Gesundheitsprognose erforderlich. Dabei wird auf den Zeitpunkt des Zugangs der Kündigungserklärung abgestellt.[122]

Danach liegt eine negative Gesundheitsprognose vor, wenn der Arbeitnehmer im Zeitpunkt des Zugangs der Kündigung arbeitsunfähig erkrankt ist und zu erwarten ist, basierend auf objektiven Anhaltspunkten, dass er auch zukünftig für nicht absehbare Zeit arbeitsunfähig sein wird.[123]

Die Rechtsprechung nimmt je nach Beachtung des Einzelfalls unterschiedliche Zeiträume an, ab dem man von einer Ungewissheit der Wiederherstellung der Gesundheit des Arbeitnehmers ausgehen kann. Bei einem Arbeitsverhältnis von fünf Jahren sah das LAG Köln eine erst seit zwei Monaten andauernde Krankheit nicht als „lang anhaltend" im Kündigungsrechtlichen Sinne an.[124] Hingegen ist eine durchgehende arbeitsunfähige Erkrankung von 20 Monaten ausreichend, eine negative Gesundheitsprognose zu begründen.[125] Dabei stellt eine lang andauernde krankheitsbedingte Arbeitsunfähigkeit in der unmittelbaren Vergangenheit ein gewisses Indiz für die Fortdauer der Arbeitsunfähigkeit in der Zukunft dar.[126] Von einer schlechten Prognose ist auszugehen, wenn nicht in absehbarer Zeit mit einer anderen positiven Entwicklung gerechnet werden kann.[127] Als absehbare Zeit in diesem Zusammenhang hat das BAG in seiner Rechtsprechung einen Zeitraum bis zu 24 Monaten angesehen.[128]

In diesem Zusammenhang wird angeführt, dass die Begründung des BAG für die Grenze bzw. den Zeitraum von 24 Monaten in § 14 Abs. 2 TzBfG zu sehen sei, da nach dieser Vorschrift der Arbeitgeber eine Ersatzkraft befristet bis zu 24 Monate einstellen kann; dabei aber nicht berücksichtigt worden sei, dass eine befristete Beschäftigung auch über den Zeitraum von 24 Monaten nach § 14 Abs. 1 TzBfG möglich ist.[129] Die Ausführung des BAG zur

122 BAG, Urt. v. 25.11.1982 – 2 AZR 140/81, NJW 1983, 2897.
123 BDDH/*Kerwer*, KSchG § 1, Rn. 509; APS/*Vossen*, KSchG § 1, Rn. 142, 143.
124 LAG Köln, Urt. v. 25.08.1995 – 13 Sa 440/95, NZA-RR 1996, S. 247.
125 BAG, Urt. v. 13.05.2015 – 2 AZR 565/14, NZA 2015, S. 1249.
126 BAG, Urt. v. 13.05.2015 – 2 AZR 565/14, NZA 2015, S. 1249.
127 BAG, Urt. v. 12.07.2007 – 2 AZR 716/06, NZA 2008, S. 173.
128 BAG, Urt. v. 12.07.2007 – 2 AZR 716/06, NZA 2008, S. 173; BAG, Urt. v. 29.04.1999 – 2 AZR 431/98, NJW 2000, S. 893.
129 LKB/*Krause*, KSchG § 1, Rn. 397.

Grenze bzw. zum maßgeblichen Zeitraum trägt aber zur Rechtssicherheit bei.[130]

Dabei gilt aber auch, dass es keine Mindestdauer gibt, ab dem der feststehende Begriff der lang andauernden Erkrankung gilt und ab dem eine Kündigung ausgesprochen werden kann.[131]

Umstritten ist hierbei, ob zur Heranziehung des Begriffes der lang andauernden Erkrankung mindestens eine Krankheitszeit von sechs Wochen gem. § 3 Abs. 1 EFZG vorliegen muss, die der Arbeitgeber sodann abzuwarten hat, bevor er die Kündigung aussprechen kann.[132]

Ein Kernelement der krankheitsbedingten Kündigung ist dabei die negative Gesundheitsprognose, mithin eine Orientierung hin zu einer in die Zukunft gerichteten Bewertung. Dies bedeutet, dass auch unterhalb des Sechs-Wochen-Zeitraumes eine Kündigung ausgesprochen werden kann, wenn bereits erkennbar ist, dass die Arbeitsunfähigkeit länger andauern wird, z. B. bei einem Verkehrsunfall von einer gewissen Schwere.[133] Somit gibt es keine feste Zeit, die der Arbeitgeber zunächst abwarten muss.[134]

Festzuhalten bleibt, dass im Rahmen der Negativprognose das entscheidende Element ist, dass das Ende der Arbeitsunfähigkeit noch unabsehbar ist und eine Ungewissheit über die Rückkehr besteht und damit typischerweise Probleme für die Organisation des Betriebes (Planbarkeit) bestehen.[135]

Im Prozess bestehen die gleichen Darlegungs- und Beweisregelungen wie im Fall der häufigen Kurzerkrankungen.[136] Trägt der Arbeitgeber vor, dass der Arbeitnehmer an einer lang andauernden Krankheit erkrankt ist, nebst die ihm bekannten Tatsachen, hat der Arbeitnehmer dann den Vortrag zu entkräften, indem er die Gründe darlegt, aufgrund welcher Umstände mit einer alsbaldigen Genesung und der Wiederherstellung der Arbeitsfähigkeit zu rechnen ist.[137] Ferner hat der Arbeitnehmer den behandelnden Arzt bzw. die behandelnden Ärzte von der Schweigepflicht zu entbinden.[138]

Bei der Beurteilung der Dauer der Arbeitsunfähigkeit und der Frage der möglichen Genesung ist auch zu berücksichtigen, ob eine Heilbehandlung beim Arbeitnehmer ansteht. Kündigt der Arbeitgeber vor Antritt der Heilbe-

130 LKB/*Krause*, KSchG § 1, Rn. 397.
131 BDDH/*Kerwer*, KSchG § 1, Rn. 508.
132 ErfK/*Oetker*, KSchG § 1, Rn. 131, *Lepke*, S. 174.
133 APS/*Vossen*, KSchG § 1, Rn. 145.
134 APS/*Vossen*, KSchG § 1, Rn. 145.
135 BDDH/*Kerwer*, KSchG § 1, Rn. 510.
136 LKB/*Krause*, KSchG § 1, Rn. 399.
137 APS/*Vossen*, KSchG § 1, Rn. 146.
138 LKB/*Krause*, KSchG § 1, Rn. 399.

handlung, so ist die Kündigung als rechtswidrig anzusehen.[139] Dies gilt insbesondere dann, wenn aufgrund neuartiger Behandlungsmethoden mit großer Wahrscheinlichkeit mit der Wiederherstellung der Gesundheit und der Arbeitsfähigkeit gerechnet werden kann bzw. zumindest möglich erscheint.[140]

Sofern der Arbeitnehmer dem Arbeitgeber ein Attest vorlegt, aus dem hervorgeht, dass sich der Gesundheitszustand des Arbeitnehmers bei einer Weiterbeschäftigung verschlechtert, stellt dieses Attest allein keine Rechtfertigung für eine Kündigung dar.[141] Dieses Attest ist aus Sicht des BAG nur eine ärztliche Empfehlung.[142] Somit müssen die allgemeinen Voraussetzungen für die krankheitsbedingte Kündigung wegen dauerhafter Arbeitsunfähigkeit vorliegen.[143] Das BAG verlangt vom Arbeitgeber bei der Vorlage eines Attestes, dass dieser überprüft, ob der Arbeitsplatz des Arbeitnehmers mit zumutbarem Aufwand umgebaut oder aber dieser versetzt werden kann.[144]

2.2.2 Erhebliche Beeinträchtigungen betrieblicher Interessen

Im Rahmen der wirtschaftlichen Belastungen spielen Kosten resultierend aus der Entgeltfortzahlung nur eine untergeordnete Rolle, da der Arbeitnehmer in diesem Falle bereits aus dem Zeitraum der Entgeltfortzahlung herausgefallen ist.[145]

Bei den wirtschaftlichen Belastungen wird hingegen zu berücksichtigen sein, ob der erkrankte Mitarbeiter noch Sonderzahlungen, z. B. aufgrund eines Arbeitsvertrages oder Tarifvertrages erhält, die allein vom Bestand des Arbeitsverhältnisses abhängig sind.[146] Der Umstand, dass dem erkrankten Mitarbeiter auch nach Ablauf des Urlaubsjahres und des Übertragungszeitraums noch Urlaub- bzw. Urlaubsabgeltungsansprüche zustehen, hat aufgrund der Entscheidungen der Rechtsprechung und der Begrenzung der Ansprüche auf 15 Monate nach Ablauf des Urlaubsjahres an Bedeutung im

139 *Lepke*, S. 171.
140 *Lepke*, S. 172.
141 LKB/*Krause,* KSchG § 1, Rn. 403.
142 APS/*Vossen*, KSchG § 1, Rn. 148; BAG 28.02.1990 – 2 AZR 401/89, NZA 1990, S. 727.
143 APS/*Vossen*, KSchG § 1, Rn. 149.
144 BAG, Urt. v. 29.01.1997 – 2 AZR 9/96, NZA 1997, S. 709; BAG, Urt. v. 12.07.1995 – 2 AZR 762/94, NZA 1995, S. 1100; APS/*Vossen*, KSchG § 1, Rn. 150.
145 LKB/*Krause,* KSchG § 1, Rn. 395.
146 ErfK/*Oetker*, KSchG § 1, Rn. 130a.

Rahmen der Voraussetzung des Vorliegens einer erheblichen Beeinträchtigung betrieblicher Interessen verloren.[147]

Im Rahmen der Prüfung der erheblichen Beeinträchtigung betrieblicher Interessen ist eine mögliche Betriebsablaufstörung und dabei eine der entscheidenden Fragen nach den Überbrückungsmaßnahmen seitens des Arbeitgebers und, ob es diesem möglich ist, diesen Maßnahmen z. B. durch Einstellung von Aushilfskräften, der Durchführung von Über- oder Mehrarbeit oder einer personellen Umorganisation zu begegnen.[148] Die Kosten der Überbrückungsmaßnahmen sind dabei in Relation zu den Personalkosten des arbeitsunfähigen Arbeitnehmers zu setzen, wenn dieser gearbeitet hätte, wobei es dabei auch auf die Stellung des Arbeitnehmers im Betrieb ankommt, insbesondere, ob dieser leicht zu ersetzen ist.[149]

Die Frage der Zumutbarkeit stellt dabei den Grundsatz der Verhältnismäßigkeit dar mit der Folge, dass der Arbeitgeber bei einem langjährig beschäftigten Arbeitnehmer eine längere Zeit Überbrückungsmaßnahmen aufrechterhalten muss als bei einem kurzfristig beschäftigten Arbeitnehmer.[150]

2.2.3 Interessenabwägung

Im Rahmen der Interessenabwägung ist zu prüfen, ob der Arbeitgeber den betroffenen Arbeitnehmer an einem anderen Arbeitsplatz weiterbeschäftigen kann und er diesen Arbeitsplatz ggf. per Direktionsrecht, sofern dieser besetzt ist, freimachen muss.[151] Zu berücksichtigen ist hierbei aber, dass nur eine gleichwertige Beschäftigung in Betracht kommt. Eine Beförderung scheidet aus.[152]

Bei Prüfung der Interessenabwägung ist auf der Seite des Arbeitgebers die Dauer der Belastung und die Zumutbarkeit von Überstunden zu berücksichtigen. Auf der Seite des Arbeitnehmers sind die gleichen Kriterien anzuführen, wie bei der Prüfung der häufigen Kurzerkrankungen auch. Insofern sind hier auch die einzelnen Umstände, wie das Lebensalter des Arbeitnehmers, die Dauer der Betriebszugehörigkeit, die bestehenden Unterhaltspflichten, der Familienstand, die Ursachen der Krankheit, die Chancen auf dem

147 BDDH/*Kerwer*, KSchG § 1, Rn. 512; ErfK/*Oetker*, KSchG § 1, Rn. 130a.

148 ErfK/*Oetker*, KSchG § 1, Rn. 133.

149 DHSW/*Bufalica*, KSchG § 1, Rn. 95.

150 BAG, Urt. v. 22.02.1980 – 7 AZR 295/78, NJW 1981, S. 298; ErfK/*Oetker*, KSchG § 1, Rn. 135.

151 BAG, Urt. v. 12.07.2007 – 2 AZR 716/06, NZA 2008, S. 173; BAG, Urt. v. 30.09.2010 – 2 AZR 88/09, NZA 2011, S. 39.

152 BAG, Urt. v. 19.04.2007 – 2 AZR 239/06, NZA 2007, S. 1041.

Arbeitsmarkt und die wirtschaftliche Lage und Größe des Betriebes zu berücksichtigen.[153]

Entscheidet sich der Arbeitnehmer, aufgrund der gesundheitlichen Beeinträchtigung lediglich eine Teilleistung zu erbringen, so ist die Kündigung nur dann sozial gerechtfertigt, wenn diesem Angebot kein Beschäftigungsbedürfnis entgegensteht.[154]

Im Rahmen des gerichtlichen Prozesses entsprechen die Darlegungs- und Beweisregeln denen zur häufigen Kurzerkrankung.[155] Lediglich im Hinblick auf die Darlegung der negativen Gesundheitsprognose reicht es nach herrschender Meinung aus, wenn der Arbeitgeber die bisherige Dauer der Erkrankung und zu denen ihm ggf. bekannten Krankheitsursachen vorträgt.[156] Bestanden bereits in der Vergangenheit lang andauernde Erkrankungen, so wird der Arbeitgeber dies ebenfalls in der Regel vortragen, da dieser Umstand ein Indiz für die Beurteilung der negativen Gesundheitsprognose zugunsten des Arbeitgebers darstellt.[157] Der Arbeitnehmer muss nunmehr, sofern der Vortrag des Arbeitgebers nicht als zugestanden gelten soll, gem. § 138 ZPO seinen behandelnden Arzt bzw. die behandelnden Ärzte von der Schweigepflicht entbinden und konkret vortragen, aus welchen Gründen er von einer Wiederherstellung der Arbeitsfähigkeit ausgeht.[158] Es bedarf ein hinreichendes Bestreiten des Arbeitnehmers, da andernfalls der Vortrag des Arbeitgebers als eingestanden gilt.[159]

Im Hinblick auf die erhebliche betriebliche Beeinträchtigung hat der Arbeitgeber darzulegen und ggf. zu beweisen, welche konkreten Überbrückungsmaßnahmen er ergriffen hat, bzw. dass solche nicht möglich oder nicht mehr zumutbar erscheinen.[160]

---

153 DHSW/*Bufalica*, KSchG § 1, Rn. 96.

154 ErfK/*Oetker*, KSchG § 1, Rn. 137.

155 LKB/*Krause*, KSchG § 1, Rn. 399.

156 BAG, Urt. v. 25.11.1982 – 2 AZR 140/81, NJW 1983, S. 2897; LKB/*Krause*, KSchG § 1 Rn. 399.

157 BAG, Urt. v. 12.04.2002 – 2 AZR 148/01, NZA 2002, S. 1081.

158 ErfK/*Oetker*, KSchG § 1, Rn. 180.

159 BAG, Urt. v. 19.05.1993 – 2 AZR 539/92, BeckRS 1993, 30745025; LKB/*Krause*, KSchG § 1, Rn. 399.

160 *Lepke*, S. 344.

3. Fallgruppe 3: Dauernde Arbeitsunfähigkeit

3.1 Begriff

Die auf Dauer bestehende Leistungsunfähigkeit des Arbeitnehmers führt zu einer erheblichen Störung des nunmehr sinnleeren Arbeitsverhältnisses.[161]

Der feststehenden dauerhaften Arbeitsunfähigkeit steht dabei auch die Situation gleich, dass die Wiederherstellung der Arbeitsfähigkeit völlig ungewiss ist.[162] Die Prüfung der Rechtmäßigkeit einer Kündigung erfolgt ebenfalls, wie in den anderen Fällen der krankheitsbedingten Kündigung, in drei Stufen.[163]

3.2 Voraussetzungen

3.2.1 Negative Gesundheitsprognose

Zum Zeitpunkt der Kündigung ist die negative Gesundheitsprognose in der Regel gegeben, sofern eine dauerhafte Leistungsunfähigkeit vorliegt. In diesem Fall ist eine negative Prognose hinsichtlich des voraussichtlichen Gesundheitszustandes indiziert.[164] Eine negative Prognose ist auch gerechtfertigt, wenn völlig ungewiss ist, wann mit einer Wiederherstellung der Arbeitsfähigkeit zu rechnen ist.[165] Dabei, so das BAG, steht die Ungewissheit der Wiederherstellung der Arbeitsfähigkeit der dauernden Leistungsunfähigkeit gleich, d. h. die Prognose ist schlecht, wenn nicht in absehbarer Zeit, mit einer anderen positiven Entwicklung gerechnet werden kann, wobei das BAG als absehbare Zeit einen Zeitraum von bis zu 24 Monaten ansieht.[166]

Ob letztlich eine dauerhafte Arbeitsunfähigkeit vorliegt, hat das Gericht ggf. unter Heranziehung eines Sachverständigen festzustellen.[167] Eine negative Gesundheitsprognose liegt nicht bereits dann vor, wenn der Arbeitnehmer die vertraglich geschuldete Leistung zwar nach Art und Ort vollständig erbringen kann, aber nicht entsprechend der Lage der Arbeitszeit.[168] Die Entscheidung betraf den Fall einer Krankenschwester, die zwar ihre Tätigkeit grundsätzlich in der Klinik ausüben, jedoch keine Nachtschichten mehr

161 BAG, Urt. v. 29.10.1998 – 2 AZR 666/97, NZA 1999, S. 377.
162 BAG, Urt. v. 13.05.2015 – 2 AZR 565/14, NZA 2015, S. 1249.
163 LKB/*Krause*, KSchG § 1, Rn. 400.
164 BAG, Urt. v. 12.07.2007 – 2 AZR 716/06, NZA 2008, S. 173.
165 BAG, Urt. v. 12.07.2007 – 2 AZR 716/06, NZA 2008, S. 173.
166 BAG, Urt. v. 18.01.2007 – 2AZR 759/05, AP KSchG 1969 § 1 Krankheit Nr. 44; BAG, Urt. v. 21.05.1992 – 2 AZR 399/91, NZA 1993, S. 497; BAG, Urt. v. 29.04.1999 – 2 AZR 431/98, NZA 1999, S. 978.
167 BAG, Urt. v. 28.02.1990 – 2 AZR 401/89, NZA 1990, S. 727.
168 BAG, Urt. v. 09.04.2014 – 10 AZR 637/13, NZA 2014, S. 719.

verrichten konnte.[169] Der Arbeitgeber muss in diesem Fall im Rahmen seines Direktionsrechts überprüfen, ob er die Krankenschwester auch ohne die Ableistung von Nachschichten einsetzen kann.[170]

Sofern der Arbeitnehmer dem Arbeitgeber ein Attest vorlegt, aus dem hervorgeht, dass bei einer Weiterbeschäftigung zu den bisherigen Bedingungen eine Verschlechterung des Gesundheitszustandes zu befürchten ist, so ist dies kein personenbedingter Kündigungsgrund („Kündigung aus Fürsorge").[171] Der Arbeitgeber muss in diesem Fall prüfen, ob eine Umgestaltung des Arbeitsplatzes oder eine Versetzung in Betracht kommt.[172] Ist dies nicht möglich, so hängt die Frage der Kündigungsmöglichkeit vom Verhalten des Arbeitnehmers ab.[173]

Dabei wird unterschieden[174]:

a.) Verweigert der Arbeitnehmer aufgrund der Gefahr der Verschlimmerung des Krankheitsbildes endgültig die Weiterarbeit und besteht keine anderweitige Beschäftigungsmöglichkeit, so kann der Arbeitgeber kündigen.

b.) Verweigert der Arbeitnehmer nicht die Leistungserbringung, sondern erklärt, er werde die Arbeit langfristig nicht erbringen können, so muss zunächst geklärt werden, ob er die Leistung auch für den Fall verweigern will, dass ein nicht belastender Arbeitsplatz nicht zur Verfügung steht. Verweigert er unter dieser Prämisse die Leistung, so kann der Arbeitgeber kündigen.

c.) Übt der Arbeitnehmer nicht sein Leistungsverweigerungsrecht aus, sondern bietet seine Arbeitsleistung an, dann erfolgt eine Kündigung erst, wenn nennenswerte Fehlzeiten vorliegen.

d.) Gibt der Arbeitnehmer keine Erklärung ab, übt aber zugleich sein Leistungsverweigerungsrecht aus, in dem es zu längeren oder kürzeren Fehlzeiten kommt, so kann der Arbeitgeber nach den allgemeinen Grundsätzen der krankheitsbedingten Kündigung kündigen.

Ein besonderer Fall ist die Erwerbsminderung. Der Begriff der Erwerbsminderung und der Begriff krankheitsbedingte Arbeitsunfähigkeit sind getrennt voneinander zu prüfen.[175] Der Begriff der Erwerbsminderung umfasst dabei die abstrakte Beurteilung, dass ein Arbeitnehmer wegen Krankheit oder

169 BAG, Urt. v. 09.04.2014 – 10 AZR 637/13, NZA 2014, S. 719.
170 BDDH/*Kerwer*, KSchG § 1, Rn. 518.
171 LKB/*Krause*, KSchG § 1, Rn. 403; BDDH/*Kerwer*, KSchG § 1, Rn. 615.
172 LAG Hessen, Urt. v. 27.11.2006 – 16 Sa 340/06, BeckRS 2007, 40402.
173 APS/*Vossen*, KSchG § 1, Rn. 151.
174 BDDH/*Kerwer*, KSchG § 1, Rn. 616; APS/*Vossen*, KSchG § 1, Rn. 151.
175 BDDH/*Kerwer*, KSchG § 1, Rn. 519.

Behinderung auf nicht absehbare Zeit außerstande ist, Tätigkeiten von mindestens drei Stunden täglich im Rahmen des allgemeinen Arbeitsmarktes zu erledigen (§ 43 Abs. 2 Satz 2 SGB VI).[176] Bei dem Begriff der krankheitsbedingten Arbeitsunfähigkeit ist zu prüfen, ob die konkrete arbeitsvertraglich geschuldete Tätigkeit noch ausgeübt werden kann.[177]

3.2.2 Erhebliche Beeinträchtigung betrieblicher Interessen

Steht eine dauernde Arbeitsunfähigkeit fest, so ist in der Regel eine erhebliche betriebliche Beeinträchtigung gegeben.[178] Das Arbeitsverhältnis ist in diesem Falle auf unabsehbare Zeit erheblich gestört, da der Arbeitgeber von seinem Direktionsrecht keinen Gebrauch machen kann.[179] Hierbei braucht sich der Arbeitgeber auch nicht auf Überbrückungsmaßnahmen, z. B. Einstellung einer Ersatzkraft, verweisen zu lassen.[180]

3.2.3 Interessenabwägung

Im Rahmen der Interessenabwägung überwiegen die Interessen des Arbeitgebers an einer Beendigung des sinnentleerten Arbeitsverhältnisses.[181] In der Regel besteht kein schutzwürdiges Interesse des Arbeitnehmers.[182] Auch im Fall der dauerhaften bzw. dauernden Arbeitsunfähigkeit ist von der Seite des Arbeitgebers zu prüfen, ob als milderes Mittel eine Umgestaltung des Arbeitsplatzes oder eine Versetzung, ggf. mit der Freimachung eines Arbeitsplatzes mittels Direktionsrecht in Betracht kommt.[183]

Der Arbeitgeber ist darlegungs- und beweispflichtig dafür, dass der Arbeitnehmer die vertraglich geschuldete Leistung nicht mehr erbringen kann und dauerhaft arbeitsunfähig erkrankt ist, wobei dafür bereits eine seit längerer Zeit andauende Arbeitsunfähigkeit genügen kann, wenn im Zeitpunkt der Kündigung die Herstellung der Arbeitsfähigkeit für die nächsten 24 Monate völlig ungewiss ist.[184] Für das Gericht muss sich aus den dar-

176 BDDH/*Kerwer*, KSchG § 1, Rn. 519.
177 BAG, Urt. v. 14.05.1986 – 8 AZR 604/84, NZA 1986, S. 834.
178 BAG, Urt. v. 29.04.1999 – 2 AZR 431/98, NZA 1999, S. 978; BAG, Urt. v. 19.04.2007 – 2 AZR 239/06, NZA 2007, S. 1041; BAG, Urt. v. 13.05.2015 – 2 AZR 565/14, NZA 2015, S. 1249.
179 BAG, Urt. v. 21.05.1992 – 2 AZR 399/91, NZA 1993, S. 497.
180 BAG, Urt. v. 19.04.2007 – 2 AZR 239/06, NZA 2007, S. 1041.
181 LKB/*Krause*, KSchG § 1, Rn. 402.
182 BAG, Urt. v. 10.12.1987 – 2 AZR 515/87, BeckRS 1987, 30724150.
183 BDDH/*Kerwer*, KSchG § 1, Rn. 524.
184 APS/*Vossen*, KSchG § 1 Rn. 220–223.

gelegten und bewiesenen Tatsachen eine Gewissheit ergeben, dass der Arbeitnehmer dauerhaft arbeitsunfähig ist.[185]

4. Fallgruppe 4: Krankheitsbedingte Leistungsminderung

4.1 Begriff

Auch eine krankheitsbedingte Minderung der Leistungsfähigkeit kann einen personenbedingten Kündigungsgrund darstellen.[186] Dieser Fall ist von der krankheits- bzw. personenbedingten Kündigung zu unterscheiden, da der Arbeitnehmer, ohne dass eine Arbeitsunfähigkeit vorliegt, mit den Arbeitsleistungen hinter den Erwartungen zurückbleibt.[187]

Vor dem Hintergrund sind für den Kündigungsgrund besonders strenge Anforderungen gestellt.[188] Dabei sei angemerkt, dass der Arbeitnehmer aufgrund des Arbeitsvertrages verpflichtet ist, seine Leistung unter Ausschöpfung seiner persönlichen Leistungsfähigkeit zu erbringen.[189]

Der Arbeitnehmer muss den Mittelwert, der aus der Gesamtleistung der Gruppe gezogen wird und dann als Normalleistung gilt, über einen längeren Zeitraum aus krankheitsbedingten Gründen unterschreiten, sodass der Arbeitgeber erkennen kann, dass der Arbeitnehmer nicht seine volle Leistungskraft ausschöpft.[190] Erfolgt die Minderleistung allerdings durch ein steuerbares Verhalten, so ist zunächst eine Abmahnung und ggf. danach eine verhaltensbedingte Kündigung gerechtfertigt.[191]

Um ein steuerbares Verhallten von einem nicht steuerbarem Verhalten abzugrenzen, bedarf es nach Ansicht des BAG einer abgestuften Darlegung und Beweislast.[192] Der Arbeitgeber muss zunächst die Minderleistung substantiiert darlegen.[193] Mithin muss der Arbeitgeber objektiv messbare Arbeitsergebnisse und Tatsachen vortragen, aus denen ersichtlich ist, dass die Leistung des Arbeitnehmers deutlich hinter den Leistungen der übrigen vergleichbaren Arbeitnehmer zurückbleibt.[194] Daraufhin muss der Arbeit-

185 APS/*Vossen*, KSchG § 1 Rn. 220–223.

186 BAG, Urt. v. 26.09.1991 – 2 AZR 132/91, NZA 1992, S. 1073; ErfK./*Oetker*, KSchG § 1 Rn. 167.

187 BDDH/*Kerwer*, KSchG § 1, Rn. 527.

188 BAG, Urt. v. 20.03.2014 – 2 AZR 825/12, NZA 2014, S. 1089.

189 DHSW/*Bufalica*, KSchG § 1, Rn. 97.

190 BAG, Urt. v. 11.12.2003 – 2 AZR 667/92, NZA 2004, S. 784; BAG, Urt. v. 17.01.2008 – 2 AZR 536/06, NZA 2008, S. 693.

191 BAG, Urt. v. 11.12.2003 – 2 AZR 667/92, NZA 2004, S. 784.

192 DHSW/*Bufalica*, KSchG § 1, Rn. 98.

193 *Lepke*, S. 216.

194 BDDH/*Kerwer*, KSchG § 1, Rn. 98.

nehmer darlegen, aus welchen Gründen er, trotz der unterdurchschnittlichen Leistungen, seine Leistungsfähigkeit ausgeschöpft hat, bzw. woran die unterdurchschnittliche Leistungserbringung liegt und, ob zukünftig eine Steigerung zu erwarten ist.[195]

Die Prüfung erfolgt erneut nach den drei Prüfungsstufen der krankheitsbedingten Kündigung. Es besteht insoweit zu den einzelnen Prüfungsstufen kein Unterschied.

4.2 Voraussetzungen

4.2.1 Negative Gesundheitsprognose

Zum Zeitpunkt des Zugangs der Kündigungserklärung müssen insofern die Umstände zu erwarten sein, dass der betroffene Arbeitnehmer auch in Zukunft in erheblichem Umfang krankheitsbedingt eine entsprechende adäquate Leistung nicht erbringen kann.[196] Die Minderleistung des Arbeitnehmers muss auf Dauer anhalten.[197]

4.2.2 Erhebliche Beeinträchtigung betrieblicher Interessen

Hierbei spielt eine entscheidende Rolle, dass der Austausch zwischen der Vergütung der Arbeitsleistung durch den Arbeitgeber und der erbrachten Arbeitsleistung des Arbeitnehmers nicht mehr im Einklang stehen.[198]

Es bedarf einer Erheblichkeit der Beeinträchtigung bzw. der wirtschaftlichen Belastung, die erst gegeben ist, wenn zumindest eine Abweichung von 2/3 der tatsächlich erbrachten Leistung von der Normalleistung besteht.[199]

Daneben können auch Betriebsablaufstörungen entstehen, wenn z. B. Aufgaben des betroffenen Arbeitnehmers von den Arbeitskollegen mit erledigt werden müssen und hierdurch eine Erhöhung der Arbeitsbelastung entsteht.[200] Im Rahmen der Verhältnismäßigkeit ist auch zu prüfen, ob der Arbeitgeber die Möglichkeit hat, den betroffenen Arbeitnehmer auf einem leistungsgerechteren Arbeitsplatz einzusetzen oder nach Fortbildungs- bzw. Umschuldungsmaßnahmen weiter zu beschäftigen.[201]

---

195 BAG, Urt. v. 03.06.2004 – 2 AZR 386/03, NZA 2004, S. 1380: *Lepke*, S. 217.
196 BAG, Urt. v. 26.09.1991 – 2 AZR 132/91, NZA 1992, S. 1073.
197 BDDH/*Kerwer*, KSchG § 1, Rn. 528.
198 BAG, Urt. v. 26.09.1991 – 2 AZR 132/91, NZA 1992, S. 1073.
199 DHSW/*Bufalica*, KSchG § 1, Rn. 101.
200 BDDH/*Kerwer*, KSchG § 1, Rn. 529, 530.
201 BAG, Urt. v. 05.08.1976 – 3 AZR 110/75, DB 1976, S. 2307.

4.2.3 Interessenabwägung

Im Rahmen der Abwägung sind die allgemeinen Grundsätze für die krankheitsbedingte Kündigung in Ansatz zu bringen. Hierbei sind die Ursache der Krankheit, die Dauer der Betriebszugehörigkeit, der Verlauf des Arbeitsverhältnisses und das Lebensalter des Arbeitnehmers zu berücksichtigen.[202] Dabei wird auch zu prüfen sein, welche Maßnahmen der Arbeitgeber bisher ergriffen hat und ob es ihm möglich war, den Arbeitnehmer entsprechend seiner Leistungsfähigkeit einzusetzen.[203]

In diesem Zusammenhang sind auch die Fälle besonders zu beachten, in denen der Arbeitnehmer nicht mehr ordentlich kündbar ist, z. B. aufgrund einer tarifvertraglichen Unkündbarkeitsregelung. Hierbei wird es dem Arbeitgeber in der Regel zumutbar sein, dem altersbedingten Leistungsabfall durch eine Umorganisation oder Änderung des Arbeitsplatzes zu begegnen.[204]

In den anderen Fällen der krankheitsbedingten Kündigung kann ausnahmsweise eine außerordentliche Kündigung in Betracht kommen, wenn ein Arbeitnehmer tarifvertraglich unkündbar ist.[205] Da allerdings die Einhaltung der Kündigungsfrist dem Arbeitgeber in der Regel zumutbar ist, ist die ordentliche Kündigungsfrist als Auslauffrist einzuhalten.[206]

5. Sonderfall Alkohol- und Drogensucht

Von einer Alkoholsucht kann ausgegangen werden, wenn ein gewohnheits- und übermäßiger Alkoholgenuss vorliegt und der Arbeitnehmer, trotz besserer Einsicht, diesen nicht verringern oder aufgeben kann.[207] Hierbei entsteht ein Verlust der Selbstkontrolle, der gleichbedeutend ist mit dem Verlust der Kontrolle über seine eigene Persönlichkeit bei der gleichzeitigen Konsumierung eines gewissen Umfangs von Alkohol. Kurz ausgedrückt findet ein Umbruch von der Trinklust zur Trinksucht statt.[208] Eine Kündigung wegen Alkoholsucht ist nach den für die krankheitsbedingte Kündigung geltenden

---

202 LKB/*Krause*, KSchG § 1, Rn. 408.

203 LAG Berlin-Brandenburg, Urt. v. 04.12.2008 – 26 Sa 343/08, BeckRS 2011, 67066; LKB/*Krause*, KSchG § 1, Rn. 408.

204 BDDH/*Kerwer*, KSchG § 1, Rn. 527.

205 BAG, Urt. v. 12.07.1995 – 2 AZR 762/94, NZA 1995, S. 1100; LKB/*Krause*, KSchG § 1, Rn. 408.

206 BAG, Urt. v. 12.01.2006 – 2 AZR 242/05, NZA 2006, S. 512; LKB/*Krause*, KSchG § 1, Rn. 408.

207 LKB/*Krause*, KSchG § 1, Rn. 291.

208 BAG, Urt. v. 09.04.1987 – 2 AZR 210/86, NJW 1987, S. 2956; *Lenfers*, S. 29.

Grundsätzen zu beurteilen.[209] Somit handelt es sich im Falle der Alkohol- und Drogensucht um einen personenbedingten Kündigungsgrund.

Im Gegensatz dazu kommt ein verhaltensbedingter Kündigungsgrund dann in Betracht, wenn Ausfälle infolge Alkoholgenusses vorliegen und der Arbeitnehmer infolge dieses Genusses, der keinen Krankheitswert hat, diese Ausfälle zu vertreten hat.[210] Eine verhaltensbedingte Kündigung könne nach Auffassung des Bundesarbeitsgerichtes dann in Betracht kommen, wenn der Arbeitnehmer die Sucht schuldhaft herbeigeführt hat.[211] Hierbei hat der Arbeitgeber aber das Verschulden des Arbeitnehmers darzulegen und zu beweisen.[212] Dies bereitet Schwierigkeiten, da es keinen Erfahrungssatz des Inhaltes gibt, dass Alkoholabhängigkeit in der Regel selbstverschuldet ist.[213] Nicht gleichzusetzen ist dies mit einer verhaltensbedingten Kündigung aufgrund eines Verstoßes gegen betriebliche oder einzelvertragliche Alkoholverbote. Diese rechtfertigen in der Regel, nach dem Ausspruch einer Abmahnung, eine ordentliche Kündigung.[214]

Im Rahmen der personenbedingten Kündigung ist auch bei der Alkohol- und Drogensucht die Prüfung nach den Grundsätzen der krankheitsbedingten Kündigung vorzunehmen.[215] Dabei bedarf es zunächst auf der ersten Stufe einer negativen Gesundheitsprognose, wobei bei dieser eine besondere Problematik besteht.[216] Nach der Rechtsprechung hat der Arbeitgeber den Arbeitnehmer im Rahmen des Verhältnismäßigkeitsgrundsatzes in der Regel aufzufordern, eine Entziehungskur durchzuführen.[217] In diesem Zusammenhang ist eine negative Gesundheitsprognose gegeben, wenn der Arbeitnehmer nicht bereit ist, eine entsprechende Heilung durch eine Entziehungskur mitzumachen und eine solche Maßnahme ablehnt.[218]

---

209 BAG, Urt. v. 20.12.2012 – 2 AZR 32/11, NZA-RR 2013, S. 627; LKB/*Krause*, KSchG § 1, Rn. 291.

210 ErfK/*Oetker*, KSchG § 1, Rn. 153.

211 BAG, Urt. v. 09.04.1987 – 2 AZR 210/86, NJW 1987, S. 2956.

212 APS/*Vossen*, KSchG § 1, Rn. 230.

213 BAG, Urt. v. 18.03.2015 – 10 AZR 99/14, NZA 2015, S. 801; APS/*Vossen*, KSchG § 1, Rn. 230.

214 ErfK/*Niemann*, BGB § 626, Rn. 63.

215 ErfK/*Oetker*, KSchG § 1, Rn. 153.

216 ErfK/*Oetker*, KSchG § 1, Rn. 153.

217 BAG, Urt. v. 17.06.1999 – 2 AZR 639/98, NZA 1999, S. 1328; APS/*Vossen*, KSchG § 1 Rn. 233.

218 BAG, Urt. v. 09.04.1987 – 2 AZR 210/86, NZA 1987, S. 811; BAG, Urt. v. 20.03.2014 – 2 AZR 565/12, NZA 2014, S. 602.

Sofern der Arbeitnehmer sich zu einer Entziehungskur bereiterklärt, hat der Arbeitgeber die Beendigung dieser Maßnahme und deren Erfolg abzuwarten.[219]

Für den Fall, dass der Arbeitnehmer sich erst nach Zugang der Kündigung bereiterklärt, eine Therapie durchzuführen, ändert dies nichts an der negativen Gesundheitsprognose, diese kann dann nicht mehr beseitigt werden.[220]

Auf der zweiten Stufe bedarf es einer erheblichen Beeinträchtigung der betrieblichen Interessen. Dabei ist es von Belang, ob durch den Alkoholkonsum und die damit verbundenen Ausfälle eine Beeinträchtigung der betrieblichen Organisation verbunden ist oder, ob eine Gefährdung des Arbeitnehmers selbst oder für Dritte besteht.[221] Hierbei ist auch zu berücksichtigen, ob der Arbeitnehmer überhaupt noch einsetzbar ist und, ob in Zukunft mit weiteren Ausfällen, ggf. mit Entgeltfortzahlungskosten zu rechnen ist.[222]

Auf der dritten Stufe der Interessenabwägung sind die gleichen Grundsätze wie bei der krankheitsbedingten Kündigung heranzuziehen. Ist der Arbeitnehmer noch jung, so kann dies zugunsten des Arbeitgebers eine Berücksichtigung finden, da dieser noch über einen erheblichen Zeitraum ggf. noch Entgeltfortzahlung zu leisten hat.[223]

Die aufgeführten Prüfungsschritte finden auch im Rahmen der Überprüfung einer Kündigung im Zusammenhang mit einer Drogenabhängigkeit bzw. einer Drogensucht Anwendung.[224]

In diesem Zusammenhang ist ein verständiger Arbeitgeber durchaus gehalten mittels arbeitsrechtlichen Gestaltungsmitteln den Wiedereingliederungsprozess positiv zu unterstützen.[225]

---

219 ErfK/*Oetker*, KSchG § 1, Rn. 153, LKB/*Krause*, KSchG § 1, Rn. 296.

220 ErfK/*Oetker*, KSchG § 1, Rn. 153.

221 BAG, Urt. v. 20.03.2014 – 2 AZR 565/12, NZA 2014, S. 602; DHSW/*Bufalica*, KSchG § 1, Rn. 117.

222 HWK/*Thies*, KSchG § 1, Rn. 121.

223 BAG, Urt. v. 17.06.1999 – 2 AZR 639/98, NZA 1999, S. 1328; BAG, Urt. v. 06.09.1989 – 2 AZR 19/89, NZA 1990, S. 307.

224 LKB/*Krause*, KSchG § 1, Rn. 299.

225 DHSW/*Bufalica*, KSchG § 1, Rn. 121, der den Abschluss einer Betriebsvereinbarung mit unterschiedlichen Reaktionsmustern vorschlägt; vgl. auch LAG Köln, Urt. v. 24.08.2007 – 11 Sa 250/07, NZA 1999, S. 321 bzgl. einer Befristung eines neuen Arbeitsvertrages vor dem Hintergrund der Erprobung einer Rückfallgefahr.

V. Rechtsfolgen bei Pflichtverletzung des Arbeitnehmers im Krankheitsfall

Im Falle der Erkrankung von Arbeitnehmern bestehen neben Rechten auch Pflichten, die die Arbeitnehmer zu beachten haben und deren Verletzung eine kündigungsrechtliche Relevanz, wie im Folgenden dargestellt, hat.

1. Anzeigepflicht bei Erkrankung

1.1 Allgemein

Gem. § 5 Abs. 1 Satz 1 EFZG ist der Arbeitnehmer verpflichtet, dem Arbeitgeber die Arbeitsunfähigkeit und deren voraussichtliche Dauer unverzüglich mitzuteilen. Die Anzeigepflicht gilt insofern für alle Arbeitnehmer, unabhängig davon, ob ihnen ein Anspruch auf Entgeltfortzahlung zusteht oder nicht.[226] Die Anzeigepflicht entfällt auch dann nicht, wenn der Arbeitgeber anderweitig von der Arbeitsunfähigkeit Kenntnis erlangt hat.[227]

Sinn und Zweck der Mitteilung liegt darin, dass der Arbeitgeber die Möglichkeit hat, bei Kenntnis von der Arbeitsunfähigkeit Abhilfe zu schaffen, z. B. für eine Vertretung zu sorgen.[228]

1.2 Form der Anzeige

Die Mitteilung des Arbeitnehmers ist nicht an eine bestimmte Form gebunden. Insofern kann die Mitteilung sowohl mündlich, fernmündlich oder per Telefax, E-Mail oder SMS erfolgen, soweit der Arbeitgeber schnellstmöglich informiert wird.[229]

Dabei ist der Arbeitnehmer darlegungs- und beweispflichtig dafür, dass die Information rechtzeitig dem Arbeitgeber zuging. Hierbei reicht es aus, wenn die Mitteilung dem Arbeitgeber bzw. den für ihn zuständig handelnden Personen zugeht, z. B. Abteilungsleiter, Vorgesetzter, Sachbearbeiter der Personalabteilung.[230] Erfolgt die Mitteilung hingegen nur gegenüber Arbeitskollegen, Mitarbeitern der Telefonzentrale oder Mitgliedern des

---

226 *Seel*, S. 131.

227 HWK/*Schliemann*, EFZG § 5, Rn. 2; ErfK/*Reinhard*, EFZG § 5, Rn. 4; a. A. Schmitt EFZG/*Küfner- Schmitt*, EFZG § 5, Rn. 25, mit einer Einschränkung soweit der Arbeitgeber bereits Kenntnis von der Erkrankung hat. Eine Pflicht zur Mitteilung bezüglich der voraussichtlichen Dauer bleibt aber bestehen.

228 ErfK/*Reinhard*, EFZG § 5, Rn. 3.

229 DHSW/*Gieseler/Dubon*, EFZG § 5, Rn. 7, *Seel*, S. 131.

230 ErfK/*Reinhard*, EFZG § 5, Rn. 8.

Betriebsrates, so ist dies nicht ausreichend. Diese sind dann lediglich Bote.[231] Erst wenn diese die Mitteilung beim Arbeitgeber oder bei den funktionell zuständigen Personen erbracht haben, gilt der Zugang als bewirkt.[232] Fehler der Boten gehen grundsätzlich zu Lasten des Arbeitsnehmers.[233] Sofern der Arbeitgeber keinen Organisationsplan erstellt hat, hat die Information bzw. Mitteilung an den Vorgesetzten zu erfolgen.[234]

1.3 Frist

Ausweichlich der Regelungen des § 5 EFZG hat die Mitteilung unverzüglich an den Arbeitgeber zu erfolgen. Unverzüglich ist hierbei im Sinne des § 121 BGB zu verstehen. Damit hat die Mitteilung ohne schuldhaftes Zögern zu erfolgen.[235] Dies gilt auch dann, wenn der erste Tag der Arbeitsunfähigkeit für den betroffenen Arbeitnehmer kein Arbeitstag ist.[236]

1.4 Inhalt der Anzeige

Der Arbeitnehmer hat dem Arbeitgeber mitzuteilen, dass eine Arbeitsunfähigkeit besteht. Da der Arbeitnehmer nicht verpflichtet ist, umgehend einen Arzt aufzusuchen, reicht es aus, wenn er selbst die Prognose anstellt, dass er arbeitsunfähig ist.[237] In diesem Falle kann der Arbeitnehmer nur mitteilen, dass er arbeitsunfähig erkrankt ist, jedoch sich nicht zur Dauer der Arbeitsunfähigkeit gegenüber dem Arbeitgeber äußern.[238] Teilt der Arbeitnehmer die Dauer gegenüber dem Arbeitgeber mit, so bezieht sich diese lediglich auf eine objektive Prognose des Arbeitnehmers, die ggf. bei jedem weiteren Tag der Erkrankung gegenüber dem Arbeitgeber abgegeben werden muss.[239]

Hat der Arbeitnehmer jedoch einen Arzt aufgesucht, so ist er dann verpflichtet, die entsprechende Mitteilung bezüglich der Dauer der Arbeitsunfähigkeit dem Arbeitgeber mitzuteilen, auch wenn die Prognose des Arztes von der Prognose des Arbeitnehmers abweicht.[240] Hingegen ist der Arbeitnehmer nicht verpflichtet, über die Art der Erkrankung oder deren Ursache

---

231 ErfK/*Reinhard,* EFZG § 5, Rn. 8.

232 HWK/*Schliemann*, EFZG § 5, Rn. 11.

233 BAG, Urt. v. 07.05.2020 – 2 AZR 619/19, NZA 2020, S. 1022; Schmitt EFZG/*Küfner-Schmitt,* EFZG § 5, Rn. 48.

234 ErfK/*Reinhard,* EFZG § 5, Rn. 8.

235 BAG, Urt. v. 31.08.1989 – 2 AZR 13/89, NZA 1990, S. 433.

236 Schmitt EFZG/*Küfner-Schmitt* EFZG § 5, Rn. 28.

237 HWK/*Schliemann*, EFZG § 5, Rn. 6.

238 Schmitt EFZG/*Küfner-Schmitt,* EFZG § 5, Rn. 36.

239 DHSW/*Gieseler/Dubon,* EFZG § 5, Rn. 8.

240 ErfK/*Reinhard,* EFZG § 5, Rn. 5.

eine Mitteilung gegenüber dem Arbeitgeber zu tätigen.[241] Hiervon gibt es jedoch dann eine Ausnahme, wenn der Arbeitnehmer eine ansteckende Krankheit hat und insofern der Arbeitgeber Maßnahmen zum Schutz der anderen Arbeitnehmer treffen muss oder, wenn es sich um eine Fortsetzungserkrankung handelt.[242] Eine Mitteilung bezüglich der Ursache besteht auch dann, wenn die Ursache der Erkrankung durch ein Verschulden eines Dritten entstanden ist (z. B. aufgrund eines Verkehrsunfalles) und dem Arbeitergeber hieraus Schadensersatzansprüche entstehen (§ 6 EFZG).[243] Der Arbeitnehmer muss nicht auf sein eigenes Verschulden hinweisen, es sei denn, wenn das Verschulden für den Arbeitnehmer erkennbar den Anspruch auf Entgeltfortzahlung entfallen lässt.[244]

Hält sich der Arbeitnehmer bei Beginn der Arbeitsunfähigkeit im Ausland auf, so trifft ihn die Verpflichtung, dem Arbeitgeber die Arbeitsunfähigkeit, deren voraussichtliche Dauer und die Adresse am Aufenthaltsort in der schnellstmöglichen Art der Übermittlung mitzuteilen (§ 5 Abs. 2 Satz 1 EFZG). Die schnellstmögliche Übermittlung an den Arbeitgeber wird in der Regel telefonisch, per SMS, per Mail oder per Telefax erfolgen.[245] Unter dem Begriff „Adresse“ sind alle die Angaben zu verstehen, die es einem Dritten ermöglichen den Arbeitnehmer am Aufenthaltsort zu erreichen, wozu auch die Angabe einer Telefonnummer gehören kann.[246]

Darüber hinaus hat der Arbeitnehmer, sofern er Mitglied in der gesetzlichen Krankenkasse ist, auch der Krankenkasse die Arbeitsunfähigkeit und die voraussichtliche Dauer der Arbeitsunfähigkeit mitzuteilen (§ 5 Abs. 2 Satz 3 EFZG).

2. Nachweispflicht des Arbeitnehmers

Im Rahmen der Nachweispflicht ist ab dem 01.01.2023 auf die Bestimmungen § 5 Abs. 1a EFZG (elektronische Arbeitsunfähigkeitsbescheinigung) abzustellen. Danach gilt § 5 Abs. 1 Satz 2 bis 5 EFZG nicht für Arbeitnehmer, die Versicherte einer gesetzlichen Krankenkasse sind. Entsprechend der gesetzlichen Regelung sind diese Arbeitnehmer verpflichtet, zu dem in § 5 Abs. 1 Satz 1 bis 4 EFZG genannten Zeitpunkt das Bestehen einer Arbeitsunfähigkeit sowie deren voraussichtliche Dauer feststellen und sich eine

241 BeckOK ArbR/*Ricken* EFZG § 5, Rn. 5.
242 BeckOK ArbR/*Ricken* EFZG § 5, Rn. 5 und Rn. 6.
243 Schmitt EFZG/*Küfner-Schmitt,* EFZG § 5, Rn. 42.
244 Schmitt EFZG/*Küfner-Schmitt,* EFZG § 5, Rn. 43.
245 BeckOK ArbR/*Ricken* EFZG § 5, Rn. 35.
246 ErfK/*Reinhard,* EFZG § 5, Rn. 20.

ärztliche Bescheinigung nach § 5 Abs. 1 Satz 2 oder Satz 4 aushändigen zu lassen.

Diese Vorschrift gilt mithin für Arbeitnehmer, die Mitglied in einer gesetzlichen Krankenkasse sind, unabhängig davon, ob sie pflicht- oder freiwillig versichert sind.[247] Von der neuen Vorschrift ausgenommen sind Personen, die eine geringfügige Beschäftigung im Privathaushalt ausüben und in Fällen der Feststellung der Arbeitsunfähigkeit durch einen Arzt, der nicht an der vertragsärztlichen Versorgung teilnimmt (§ 5 Abs. 1a Satz 3 EFZG). Ferner gilt die Neuregelung nicht für nicht gesetzlich versicherte Arbeitnehmer. Die Regelung in § 5 Abs. 1a EFZG knüpft somit an den Versichertenstatus in einer der in § 4 SGB V genannten Körperschaft an, sodass allein entscheidend ist, ob der Arbeitnehmer bei einer gesetzlichen Krankenversicherung krankenversichert ist.[248]

Nach den Regelungen des § 5 Abs. 1 Satz 2 EFZG ist der Arbeitnehmer verpflichtet, sofern die Arbeitsunfähigkeit länger als drei Kalendertage andauert, eine ärztliche Bescheinigung über das Bestehen der Arbeitsunfähigkeit sowie deren voraussichtliche Dauer spätestens am darauffolgenden Arbeitstag dem Arbeitgeber vorzulegen (§ 5 Abs. 1 Satz 2 EFZG). Der Arbeitgeber ist dabei gemäß § 5 Abs. 1 Satz 3 berechtigt, die Vorlage der ärztlichen Bescheinigung früher zu verlangen. Dauert die Arbeitsunfähigkeit länger als in der Bescheinigung angegeben, so hat der Arbeitnehmer gemäß § 5 Abs. 1 Satz 4 EFZG eine neue ärztliche Bescheinigung vorzulegen.

Neben dem Namen des erkrankten Arbeitnehmers muss sich aus der Arbeitsunfähigkeitsbescheinigung auch ergeben, dass der Arbeitnehmer arbeitsunfähig ist und seine vertraglich geschuldete Tätigkeit infolge der Erkrankung nicht erbringen kann.[249] Nicht Inhalt der Arbeitsunfähigkeitsbescheinigung ist die Angabe zur Ursache der Erkrankung bzw. der Krankheitsbefund.[250] Aus der Arbeitsunfähigkeitsbescheinigung muss allerdings die voraussichtliche Dauer der Arbeitsunfähigkeit hervorgehen.[251]

Nach der Neureglung des § 5 Abs. 1a EFZG wird die bisher bestehende Nachweispflicht durch die Verpflichtung des Arbeitsnehmers ersetzt, den Arzt innerhalb der Frist des § 5 Abs. 1 Satz 2 bis Satz 5 EFZG aufzusuchen

247 BDDH/*Sievers*, EFZG § 5, Rn. 42.
248 BeckOK Arbeitsrecht/*Ricken*, EFZG § 5, Rn. 33.
249 BeckOK Arbeitsrecht/*Ricken*, EFZG § 5, Rn. 16.
250 Schmitt EFZG/*Küfner-Schmitt*, EFZG § 5, Rn. 100.
251 BeckOK Arbeitsrecht/*Ricken*, EFZG § 5, Rn. 16.

und die Arbeitsunfähigkeit feststellen zu lassen.[252] Die Anzeigepflicht bleibt hiervon unberührt bestehen.[253]

Nach der neuen Regelung haben die sog. Vertragsärzte der Krankenkasse die Daten elektronisch zu übermitteln und die Krankenkasse stellt die für den Arbeitgeber erforderlichen Daten zum Abruf bereit.[254]

Für den Anspruch auf Entgeltfortzahlung muss der Arbeitnehmer die krankheitsbedinge Arbeitsunfähigkeit darlegen und nachweisen. Die Arbeitsunfähigkeitsbescheinigung begründet keine gesetzliche Vermutung.[255] Der Arbeitgeber kann trotz der Vorlage der Arbeitsunfähigkeitsbescheinigung geltend machen, dass der Arbeitsnehmer nicht arbeitsunfähig oder krank sei.[256] In der Rechtsprechung kommt einer Arbeitsunfähigkeit allerdings ein hoher Beweiswert zu.[257]

Der Arbeitgeber kann diesen Beweiswert der Arbeitsunfähigkeitsbescheinigung erschüttern.[258] Zweifel an der Arbeitsunfähigkeitsbescheinigung können sich aus der Arbeitsunfähigkeit selbst bzw. aus der Art ihres Zustandekommens ergeben.[259]

So können sich ernste Zweifel am Vorliegen einer Erkrankung daraus ergeben, dass eine am Tag der Eigenkündigung des Arbeitnehmers ausgestellte Arbeitsunfähigkeitsbescheinigung passgenau die nach der Kündigung noch verbleibende Dauer des Arbeitsverhältnisses abdeckt.[260]

Die Rechtsprechung hat hierzu zu einzelnen Fällen eine Erschütterung des Beweiswertes anerkannt. Einige Beispiele sind bei *Gieseler/Dobon* in DHSW aufgelistet:[261]

- Der Arbeitnehmer droht oder kündigt sein Fernbleiben zunächst, nach einer verweigerten Gewährung des gewünschten Urlaubes oder der gewünschten Arbeitsfreistellung durch den Arbeitgeber, an.
- Wiederholte Arbeitsunfähigkeit am Ende des Urlaubs oder unmittelbar nach dem Ende des Urlaubs.

---

252 Schmitt EFZG/*Küfner-Schmitt,* EFZG § 5, Rn. 149.
253 ErfK/*Reinhard,* EFZG § 5, Rn. 10.
254 Schmitt EFZG/*Küfner-Schmitt,* EFZG § 5, Rn. 159, 160.
255 BAG, Urt. v. 08.09.2021 – 5 AZR 149/21, NZA 2022, S. 39.
256 ErfK/*Reinhard,* EFZG § 5, Rn. 14.
257 BAG, Urt. v. 26.02.2003 – 5 AZR 112/02, BeckRS 2003, 40835.
258 BeckOK Arbeitsrecht/*Ricken*, EFZG § 5 Rn. 27.
259 Schmitt EFZG/*Küfner-Schmitt,* EFZG § 5, Rn. 129.
260 BAG, Urt. v. 08.09.2021 – 5 AZR 149/21, NZA 2022, S. 39; BAG, Urt. v. 18.09.2024 – 5 AZR 29/24, NZA 2025, S. 100.
261 DHSW/*Gieseler/Dubon*, EFZG § 5, Rn. 23.

- Tätigkeiten während der Arbeitsunfähigkeit, z. B. ganztägige Mitarbeit beim Bau des eigenen Hauses oder aber auch Nebentätigkeiten bei einem anderen Arbeitgeber.
- Widersprüchliche Angaben zum Hergang eines die Arbeitsunfähigkeit verursachten Unfalles.
- Unentschuldigtes Nichterscheinen zu einem Termin beim medizinischen Dienst.
- Rückwirkende Feststellung der Arbeitsunfähigkeit von mehr als zwei Tagen.
- Bereits erfolgte Umbuchung des Fluges, obwohl die Arbeitsunfähigkeit noch nicht vorliegt.

Der Arbeitgeber hat die Möglichkeit, da einfache Zweifel genügen, gem. § 275 Abs. 1a Satz 3 SGB V von der Krankenkasse des Arbeitnehmers eine Einschaltung des Medizinischen Dienstes zu verlangen.[262]

Will der Arbeitgeber generell für alle Arbeitnehmer eine vorzeitige Vorlage des Nachweises, so ist im Falle des Bestehens eines Betriebsrates das Mitbestimmungsrecht gem. § 87 Abs. 1 Nr. 1 BetrVG zu beachten. Dies gilt nicht bei einer einzelfallbezogenen Anordnung.[263]

3. Pflichten bei der Fortdauer der Arbeitsunfähigkeit

Entsprechend den Regelungen des § 5 Abs. 1 Satz 4 EFZG hat der Arbeitnehmer, sofern die Arbeitsunfähigkeit länger als in der Bescheinigung angegeben andauert, eine erneute Bescheinigung vorzulegen. Aus dem Gesetzestext ist jedoch nicht zu entnehmen, zu welchem Zeitpunkt die Vorlage der erneuten Arbeitsunfähigkeitsbescheinigung zu erfolgen hat.[264] Der Zeitpunkt ist dabei umstritten. Das BAG und die überwiegende Meinung wendet § 5 Aba. 1 Satz 2 und Satz 3 analog an.[265] Bei der entsprechenden Anwendung von § 5 Abs. 1 Satz 2 EFZG müsste die Vorlage der Folgebescheinigung spätestens am vierten Tag nach dem ursprünglichen bescheinigten Endtermin der Arbeitsunfähigkeit erfolgen.[266]

---

262 DHSW/*Gieseler/Dubon*, EFZG § 5, Rn. 24.

263 *Fitting*, BetrVG § 87, Rn. 72.

264 BDDH/*Sievers*, EFZG § 5, Rn. 31.

265 LAG Köln, Urt. v. 09.02.2009 – 5 Sa 926/08, BeckRS 2009, 54542; ErfK./*Reinhard*, EFZG § 5, Rn. 19.

266 Schaub ArbR-HdB/*Link* § 98, Rn. 108.

Dies gilt auch für den Feststellungszeitpunkt für die Fortdauer der Arbeitsunfähigkeit im Falle der elektronischen Arbeitsunfähigkeitsbescheinigung gem. § 5 Abs. 1a EFZG und der Aushändigung der Bescheinigung.[267]

Darüber hinaus muss der Arbeitnehmer dem Arbeitgeber unverzüglich mitteilen, wenn ihm bekannt ist, dass die Arbeitsunfähigkeit länger als in der Arbeitsunfähigkeitsbescheinigung angegeben dauern wird.[268]

4. Rechtsfolgen der Verletzung der Anzeige und der Nachweispflicht

4.1 Verletzung der Anzeigepflicht

Kommt der Arbeitnehmer seiner Anzeigepflicht nicht nach und treten beim Arbeitgeber zudem Betriebsablaufstörungen ein, so kann der Arbeitgeber in diesem Zusammenhang eine Abmahnung aussprechen und bei mehreren Abmahnungen das Arbeitsverhältnis kündigen.[269]

Letztlich soll damit sanktioniert werden, dass dem Arbeitgeber die Möglichkeit genommen wird, bereits zu einem frühen Zeitpunkt Maßnahmen zu treffen, um dem arbeitsbedingten Ausfall des Arbeitnehmers entgegenzuwirken und so Störungen im betrieblichen Ablauf zu verhindern.[270]

4.2 Verletzung der Nachweispflicht

Gem. § 7 Abs. 1 Nr. 1 EFZG steht dem Arbeitgeber ein Leistungsverweigerungsrecht zu, wenn der Arbeitnehmer unverschuldet seiner Nachweispflicht gemäß § 5 Abs. 1 Satz 2 und Satz 3 bzw. § 5 Abs. 1a EFZG nicht nachkommt.[271] Unabhängig davon kann der Arbeitnehmer durch sein Verhalten Schadensersatzansprüche beim Arbeitgeber begründen und im Wiederholungsfall das Arbeitsverhältnis verhaltensbedingt gekündigt werden.[272]

---

267 Schmitt EFZG/*Küfner-Schmitt,* EFZG § 5, Rn. 196, 197.

268 BAG, Urt. v. 07.05.2020 – 2 AZR 619/19, NZA 2020, S. 1022; Schmitt EFZG/*Küfner-Schmitt,* EFZG § 5, Rn. 189; BDDH/*Sievers*, EFZG § 5, Rn. 53.

269 *Seel*, S. 133.

270 HWK/*Schliemann*, EFZG § 5, Rn. 2.

271 ErfK./*Reinhard,* EFZG § 5, Rn. 18; *Janko/Krüger,* S. 284 (§ 7 Abs. 1 EFZG analog).

272 LAG Sachsen-Anhalt, Urt. v. 24.04.1996 – 3 Sa 449/95, NZA 1997, S. 772; LAG Rheinland-Pfalz, Urt. v. 20.08.2008 – 7 Sa 197/08, BeckRS 2008, 56910; ErfK./*Reinhard,* EFZG § 5, Rn. 18.

5. Kostentragung der Arbeitsunfähigkeitsbescheinigung

Die Kosten der Arbeitsunfähigkeitsbescheinigung hat die Krankenkasse im Rahmen der vertragsärztlichen Versorgung zu tragen, außer bei einem privat Krankenversicherten, der die Kosten selbst zu tragen hat.[273]

6. Nachweis der Arbeitsunfähigkeit bei Erkrankung im Ausland

Sofern sich der Arbeitnehmer gemäß § 5 Abs. 2 EFZG während der Arbeitsunfähigkeit im Ausland aufhält, ist er verpflichtet, dem Arbeitgeber die Arbeitsunfähigkeit, die voraussichtliche Dauer und die Adresse des Aufenthaltsortes mittels der schnellstmöglichen Art der Übermittlung mitzuteilen (z. B. Telefon, Telefax, E-Mail).[274] Die dadurch entstehenden Kosten hat der Arbeitgeber zu tragen.[275] Im Falle der Fortdauer der Arbeitsunfähigkeit bedarf es einer Mitteilung des Arbeitnehmers an die Krankenkasse und den Arbeitgeber.[276]

Gemäß § 5 Abs. 2 Satz 7 EFZG ist ein arbeitsunfähig erkrankter Arbeitnehmer bei der Rückkehr in das Inland verpflichtet, dem Arbeitgeber und der Krankenkasse seine Rückkehr unverzüglich anzuzeigen.

Im Hinblick auf die Nachweispflicht finden die Vorschriften des § 5 Abs. 1 EFZG Anwendung.[277] Insofern bedarf es der Vorlage einer Arbeitsunfähigkeitsbescheinigung.[278] Der Arbeitnehmer muss sodann die Arbeitsunfähigkeitsbescheinigung an den Arbeitgeber grundsätzlich am vierten Tag der AU vorlegen. Hierbei kann es zu Überschreitungen der Frist kommen, die unverschuldet sind, wenn die Beförderung des Briefes längere Zeit in Anspruch nimmt.[279]

Die ausländische Arbeitsunfähigkeitsbescheinigung hat den gleichen Beweiswert wie unter Punkt V. 2 angeführt, wenn diese aus einem ausländischen Staat stammt, der nicht Mitglied der Europäischen Union ist. Der Beweiswert einer Arbeitsunfähigkeitsbescheinigung aus der Europäischen Union ist höher als der einer inländischen Arbeitsunfähigkeitsbescheinigung, da der Arbeitgeber nicht nur den Beweiswert erschüttern kann, son-

273 DHSW/*Gieseler/Dubon,* EFZG § 5, Rn. 16.
274 HWK/*Schliemann,* EFZG § 5, Rn. 44; nach ErfK/*Reinhard,* EFZG § 5, Rn. 22.
275 DHSW/*Gieseler/Dubon* EFZG § 5, Rn. 27.
276 Schmitt EFZG/*Küfner-Schmitt,* EFZG § 5, Rn. 215, 216.
277 ErfK./*Reinhard,* EFZG § 5, Rn. 26.
278 DHSW/*Gieseler/Dubon* EFZG § 5, Rn. 30.
279 DHSW/*Gieseler/Dubon* EFZG § 5, Rn. 30.

dern auch den Nachweis führen muss, dass der Arbeitnehmer rechtsmissbräuchlich bzw. betrügerisch gehandelt hat.[280]

280 *Schmitt* EFZG/*Küfner-Schmitt*, EFZG § 5, Rn. 226–234.

B. Betriebliches Eingliederungsmanagement (bEM)

I. Zweck des bEM

Der Zweck des betrieblichen Eingliederungsmanagement (im Folgenden bEM genannt), welches in § 167 Abs. 2 SGB IX geregelt ist, besteht darin, zum einem einer Gefährdung des Arbeitsverhältnisses aus gesundheitlichen Gründen möglichst frühzeitig vorzubeugen und zum anderen die Arbeitsunfähigkeit zu überwinden.[281] Gerade bei längeren Arbeitsunfähigkeiten des Arbeitnehmers stellt sich für den Arbeitgeber die Frage, ob das Arbeitsverhältnis gekündigt werden soll oder nicht.[282]

Bei der arbeitsunfähigen Erkrankung eines Arbeitnehmers ist der Arbeitgeber zum einen zur Fürsorge verpflichtet und zum anderen hat er auch eigene betriebliche und wirtschaftliche Interessen, weshalb der Arbeitgeber einen Mittelweg finden muss.[283]

Die gesetzlichen Regelungen des § 167 Abs. 1 und Abs. 2 SGB IX beinhalten somit die Suche nach Lösungen für Schwierigkeiten im Arbeitsverhältnis und sollen einem Arbeitsplatzverlust möglichst frühzeitig vorbeugen.[284] Die Bestimmungen des § 167 Abs. 1 SGB IX und § 167 Abs. 2 SGB IX unterscheiden sich im Wesentlichen dadurch, dass § 167 Abs. 1 SGB IX das Präventionsverfahren nur für schwerbehinderte Arbeitnehmer und ihnen nach § 2 Abs. 3 Gleichgestellte betrifft, während § 167 Abs. 2 SGB IX für alle Arbeitnehmer gilt.[285]

Ferner umfasst das Präventionsverfahren nach § 167 Abs. 1 SGB IX sowohl verhaltensbedingte als auch personenbedingte oder betriebsbedingte Schwierigkeiten, während das Verfahren nach § 167 SGB IX für alle Arbeitnehmer nur personenbedingte Schwierigkeiten erfasst.[286]

Zweck des betrieblichen Eingliederungsmanagement (im Folgenden „bEM“ genannt) gemäß § 167 Abs. 2 SGB IX ist es, durch die gemeinsame Anstrengung der in § 167 Abs. 2 SGB IX aufgeführten Beteiligten ein Verfahren zu schaffen, das durch eine geeignete Prävention das Arbeitsverhält-

281 ErfK./*Rolfs*, SGB IX § 167, Rn. 4.
282 *Schmidt* BEM, Rn. 1.
283 *Aszmons/Lackschewitz*, S. 2070.
284 BDDH/*Kerwer*, KSchG § 1, Rn. 440.
285 ASP/*Vossen*, KSchG § 1, Rn. 196.
286 BDDH/*Kerwer*, KSchG § 1, Rn. 440.

nis möglichst dauerhaft sichert.[287] Dies, weil viele Abgänge in die Arbeitslosigkeit aus Krankheitsgründen erfolgen und arbeitsplatzsichernde Hilfen der Integrationsämter vor der Beantragung einer Zustimmung zur Kündigung kaum in Anspruch genommen werden.[288]

Ziel des bEM ist es auch festzustellen, aufgrund welcher gesundheitlichen Einschränkungen es zu den bisherigen Ausfallzeiten gekommen ist und herauszufinden, ob Möglichkeiten bestehen, sie durch bestimmte Veränderungen künftig zu verringern, um so eine Kündigung zu vermeiden.[289]

287 *Schmidt* BEM, Rn. 3.

288 BAG, Urt. v. 13.03.2012 – 1 ABR78/10, NZA 2012, S. 748.

289 BAG, Urt. v. 20.11.2014 – 2 AZR 755/13, NZA 2015, S. 612; BAG, Urt. v. 10.12.2009 – 2 AZR 400/08, NZA 2010, S. 398.

II. Normierung des bEM-Verfahrens und Voraussetzungen der Durchführung

1. Gesetzliche Regelung des § 167 Abs. 2 SGB IX

Die Regelung des bEM-Verfahrens wurde zum 01.05.2005 eingeführt, zunächst in der Fassung des § 84 Abs. 2 SGB IX, der ab dem 01.01.2018, auf der Grundlage des Bundesteilhabegesetzes vom 23.12.2016, durch die Neufassung des § 167 Abs. 2 SGB IX ersetzt wurde. Die Neufassung entspricht im Wesentlichen der älteren Fassung, wurde allerdings mit Wirkung ab dem 10.06.2021 durch Satz 2 auf der Grundlage des Teilhabestärkungsgesetzes vom 10.06.2021 ergänzt, wonach Beschäftigte zusätzlich eine Vertrauensperson eigener Wahl hinzuziehen können.[290] Gemeint ist hiermit die Hinzuziehung einer Vertrauensperson seiner Wahl durch den Arbeitnehmer im Rahmen der Durchführung des bEM-Verfahrens. Dies kann auch ein Rechtsanwalt sein.[291]

Das betriebliche Eingliederungsmanagement ist in § 167 Abs. 2 SGB IX wie folgt geregelt:

„Sind Beschäftigte innerhalb eines Jahres länger als sechs Wochen ununterbrochen oder wiederholt arbeitsunfähig, klärt der Arbeitgeber mit der zuständigen Interessenvertretung im Sinne des § 176, bei schwerbehinderten Menschen außerdem mit der Schwerbehindertenvertretung, mit Zustimmung und Beteiligung der betroffenen Person die Möglichkeiten, wie die Arbeitsunfähigkeit möglichst überwunden werden und mit welchen Leistungen oder Hilfen erneuter Arbeitsunfähigkeit vorgebeugt und der Arbeitsplatz erhalten werden kann (betriebliches Eingliederungsmanagement).“ Beschäftigte können zusätzlich eine Vertrauensperson eigener Wahl hinzuziehen. Soweit erforderlich, wird der Werk- oder Betriebsarzt hinzugezogen. Die betroffene Person oder ihr gesetzlicher Vertreter ist zuvor auf die Ziele des betrieblichen Eingliederungsmanagement sowie auf Art und Umfang der hierfür erhobenen und verwendeten Daten hinzuweisen. Kommen Leistungen zur Teilhabe oder begleitende Hilfen im Arbeitsleben in Betracht, werden vom Arbeitgeber die Rehabilitationsträger oder bei schwerbehinderten Beschäftigten das Integrationsamt hinzugezogen. Diese wirken darauf hin, dass die erforderlichen Leistungen oder Hilfen unverzüglich beantragt und innerhalb der Frist des § 14 Absatz 2 Satz 2 erbracht werden. Die zuständige Interessenvertretung im Sinne des § 176, bei schwerbehinderten Menschen außerdem die Schwerbehindertenvertretung, können die Klärung verlangen.

---

290 *Schmidt* BEM, Rn. 1.

291 ErfK./*Rolfs*, SGB IX § 167, Rn. 5.

Sie wachen darüber, dass der Arbeitgeber die ihm nach dieser Vorschrift obliegenden Verpflichtungen erfüllt.“

In der Regelung des § 167 Abs. 2 SGB IX sind weder konkrete Maßnahmen noch ein bestimmter Verfahrensverlauf beschrieben, vielmehr lassen sich aus ihr nur Mindeststandards ableiten.[292] Zu diesen Mindeststandards gehört es, die in der Bestimmung genannten Stellen, Ämter und Personen zu beteiligen und zusammen – mit der Zustimmung und Beteiligung der betroffenen Person – eine an den Zielen des bEM orientierte Klärung ernsthaft zu versuchen.[293] Das bEM-Verfahren entspricht zudem nur dann den gesetzlichen Anforderungen, wenn es keine vernünftigerweise in Betracht zu ziehende Anpassungs- und Änderungsmöglichkeit ausschließt und in ihm die von den Teilnehmern eingebrachten Vorschläge sachlich erörtert werden.[294]

Es besteht allerdings kein Anspruch des Arbeitnehmers auf eine Einleitung und Durchführung des bEM-Verfahrens, wenn die Voraussetzungen vorliegen.[295] Dieser Anspruch ergibt sich auch nicht aus dem Gebot der Rücksichtnahme als vertragliche Nebenpflicht gemäß § 241 Abs. 2 BGB i. V. m. § 167 Abs. 2 SGB IX.[296] Allerdings kann die Ablehnung eines Antrages auf Durchführung einer Wiedereingliederungsmaßnahme durch den Arbeitgeber gegenüber einem schwerbehinderten Arbeitnehmer Schadensersatzansprüche begründen.[297]

Gemäß § 167 Abs. 3 SGB IX sind für den Arbeitgeber Prämien oder Boni vorgesehen, sofern dieser ein bEM-Verfahren durchführt. Der Erhalt von Prämien oder Boni kommt aber nur dann in Betracht, wenn beim Arbeitgeber ein standardisiertes Verfahren vorliegt und die Bemühungen über die gesetzliche Verpflichtung hinausgehen.[298]

Ein Verstoß des Arbeitgebers gegen die Verpflichtung aus § 167 Abs. 2 SGB IX stellt keine Ordnungswidrigkeit nach § 238 SGB IX dar, da die Liste des § 238 SGB IX abschließend ist und die Bestimmung des § 167 Abs. 2 SGB IX nicht aufgenommen wurde.[299]

---

292 BAG, Urt. v. 07.09.2021 – 9 AZR 571/20, NZA 2022, S. 257.

293 BAG, Urt. v. 07.09.2021 – 9 AZR 571/20, NZA 2022, S. 257.

294 BAG, Urt. v. 20.05.2000 – 7 AZR 100/19, NZA 2020, S. 1194; BAG, Urt. v. 19.11.2019 – 1 ABR 36/18, NZA 2020, S. 389.

295 ErfK./*Rolfs*, SGB IX § 167, Rn. 5; BAG, Urt. v. 07.09.2021 – 9 AZR 571/20, NZA 2022, S. 257.

296 BAG, Urt. v. 03.12.2019 – 9 AZR 78/19, NZA 2020, S. 578.

297 BAG, Urt. v. 16.05.2019 – 8 AZR 530/17, NZA 2019, S. 1348.

298 FRR/*Ritz/Schian*, SGB IX § 167, Rn. 52.

299 FRR/*Ritz*, SGB IX § 238, Rn. 3.

2. Voraussetzungen für die Durchführung des bEM-Verfahrens

Für die Durchführung eines bEM-Verfahrens sind alle Arbeitgeber verpflichtet, unabhängig von Größe und Gegenstand des Unternehmens, der Existenz eines Betriebs- oder Personalrates.[300] Mithin ist keine Voraussetzung, dass das Kündigungsschutzgesetz Anwendung findet, sodass die Verpflichtung zur Durchführung des bEM-Verfahrens auch in Kleinbetrieben und während der Wartezeit besteht.[301] Das bEM-Verfahren hat keinen rechtlichen Bezug zum Kündigungsschutzgesetz, sodass die Heranziehung der Schwellenwerte des § 23 KSchG nicht geboten ist.[302]

Allerdings hat die Nichtdurchführung des bEM-Verfahrens keine kündigungsrechtlichen Folgen, wenn das Kündigungsschutzgesetz keine Anwendung findet, z. B. innerhalb der Wartezeit des § 1 Abs. 1 KSchG.[303]

Entsprechend dem Wortlaut des § 167 Abs. 2 SGB IX werden alle Beschäftigten von dieser Regelung erfasst, mithin Arbeitnehmer, Auszubildende und Aushilfskräfte, wobei es unerheblich ist, ob ein sozialversicherungspflichtiges Beschäftigungsverhältnis vorliegt oder nicht.[304]

Das bEM-Verfahren ist immer dann durchzuführen, wenn der Mitarbeiter innerhalb eines Jahres länger als sechs Wochen ununterbrochen oder immer wieder arbeitsunfähig wird. Dabei wird auf den Lauf eines Jahres, nicht das einzelne Kalenderjahr abzustellen sein.[305] Auf die Ursache der Arbeitsunfähigkeit oder die Art der Erkrankung kommt es dabei nicht an.[306] Es kommt auch nicht darauf an, ob der Arbeitgeber den Ausspruch einer Kündigung des Arbeitsverhältnisses plant oder nicht.[307] Im Hinblick auf die Bemessung der Sechswochenfrist ist auf das Entgeltfortzahlungsgesetz (EFZG) und dabei auf § 5 EFZG abzustellen, sodass maßgeblich für die Berechnung die dem Arbeitgeber angezeigten Arbeitsunfähigkeitszeiten sind.[308]

---

300 BAG, Urt. v. 30.09.2010 – 2 AZR 88/09, NZA 2011, S. 39; ErfK/*Rolfs* SGB IX § 167, Rn. 4.

301 BDDH/*Kerwer*, SGB IX § 167, Rn. 446; LAG Schleswig-Holstein, Urt. v. 17.11.2005 – 4 Sa 328/05, BeckRS 2006, 40264.

302 DDJL/*Düwel*, SGB IX § 167, Rn. 58.

303 BAG, Urt. v. 28.06.2007 – 6 AZR 750/06, NZA 2007, S. 1049; BAG, Urt. v. 24.01.2008 – 6 AZR 97/07, NZA-RR 2008, S. 405, weitreichender *Schmidt* BEM Rn. 12; *Feichtinger/Wagner*, S. 4, nach dem kein bEM-Verfahren durchzuführen ist, wenn das KSchG keine Anwendung findet.

304 DDJL/*Düwell*, SGB § 167, Rn. 66; *Feichtinger/Wagner*, S. 4.

305 BDDH/*Euler*, SGB IX § 167, Rn. 8; *Schmidt*, BEM Rn. 16.

306 BAG, Urt. v. 20.11.2014 – 2 AZR 755/13, NZA 2015, S. 612; *Deinert*, S. 969.

307 ErfK/*Rolfs*, SGB IX § 167, Rn. 5.

308 BAG, Urt. v. 13.03.2012 – 1 ABR 78/10, NZA 2012, S. 748.

In diesem Zusammenhang ist zu beachten, dass nach der Rechtsprechung des BAG das bEM-Verfahren kein Mindesthaltbarkeitsdatum hat, sondern erneut, z. B. nach einem bereits zuvor erfolgten bEM-Verfahren, durchzuführen ist, wenn der Arbeitnehmer danach nochmals oder immer noch über einen Zeitraum von sechs Wochen arbeitsunfähig erkrankt ist.[309]

Dabei gilt, dass die Verpflichtung und somit auch die Voraussetzung der Dauer der Arbeitsunfähigkeit erst ab dem Abschluss eines zuvor durchgeführten bEM-Verfahrens gilt, bei dem somit das Endes des bEM-Verfahrens als Tag „Null" zu bewerten ist.[310]

Die Bewilligung einer Rente wegen voller Erwerbsminderung führt nicht dazu, die Durchführung eines bEM-Verfahrens zu unterlassen, da die Bewilligung weder eine bis zu dreistündige tägliche Tätigkeit noch eine längere tägliche Beschäftigung zu vom Regelfall abweichenden, günstigeren Arbeitsbedingungen ausschließt.[311]

309 BAG, Urt. v. 18.11.2021 – 2 AZR 138/21, NZA 2022, S. 253; *Schmidt,* BEM, Rn. 18.

310 *Salamon/Maaß*, S. 384.

311 BAG, Urt. v. 13.05.2015 – 2 AZR 565/14, NZA 2015, S. 1249; FRR/*Ritz/Schian*, SGB IX, § 167, Rn. 49b; BAG, Urt. v. 17.04.2019 – 7 AZR 292/17, NZA 2019, S. 1355 (Flugdienstuntauglichkeit).

III. Erwartungen an das bEM-Verfahren sowie Vor- und Nachteile des Verfahrens

Das bEM-Verfahren soll die bestehende Arbeitsunfähigkeit des Arbeitnehmers überwinden und entsprechende Maßnahmen rechtzeitig einleiten. Hierzu gehört auch, dass bei Rehabilitationsbedarf erkannt und entsprechende Maßnahmen umgesetzt werden.[312]

Dies bedeutet, dass gerade bei Vorliegen der gesetzlichen Voraussetzungen die Weiterbeschäftigung für den Arbeitnehmer ermöglicht werden soll.[313]

Während der Sinn des bEM-Verfahrens daher für den Arbeitnehmer quasi auf der Hand liegt, welcher grundsätzlich an der Fortführung des Arbeitsverhältnisses interessiert ist, um nicht in die Arbeitslosigkeit durch eine Kündigung entlassen zu werden, hat es auch weitere Vorteile. Durch die Beteiligung der weiteren Personen im Verfahren werden dem Arbeitnehmer die Möglichkeiten der Beschäftigung im Betrieb bekannt, in welche er nicht immer Einblick hat, insbesondere, wenn der Arbeitgeber argumentiert, dass keine geeignete Beschäftigung bestehe.[314] Bei einer längeren Erkrankung kommt vor allem eine stufenweise Wiedereingliederung in Betracht, sodass der Arbeitnehmer die notwendige Zeit erhält, um sich einzuarbeiten und der Umfang der Tätigkeit seiner Leistungsfähigkeit entspricht.[315]

Aber auch der Arbeitgeber hat durchaus Vorteile bei der Durchführung des Verfahrens. Gerade bei häufigen Kurzerkrankungen kann durch das Verfahren die Ursache für die häufigen Fehltage ergründet werden, um auf Dauer die Zeiten der Arbeitsunfähigkeit zu senken und damit auch die Geringhaltung der Kosten der Entgeltfortzahlung und zu einer Erhöhung der Produktivität zu führen.[316]

Darüber hinaus ist ein wichtiger Vorteil auch im Erhalt der Arbeitskraft des Arbeitnehmers zu sehen, die in Zeiten des demografischen Wandels bedeutsam ist.[317]

---

312 ErfK/*Rolfs*, SGB IX § 167, Rn. 4.
313 *Feichtinger/Wagner*, S. 3.
314 *Schmidt*, BEM, Rn. 9.
315 *Schmidt*, BEM, Rn. 9.
316 *Schmidt*, BEM, Rn. 8.
317 *Schmidt*, BEM, Rn. 8.

IV. Durchführung des bEM-Verfahrens

Die Durchführungsmethode des bEM-Verfahrens gemäß § 167 Abs. 2 SGB IX ist gesetzlich nicht geregelt, wobei auch keine Verpflichtung besteht eine Verfahrensordnung aufzustellen.[318]

1. bEM-Verfahren als sog. „Suchprozess"

Das bEM-Verfahren ist nicht als formalisiertes Verfahren zu sehen, sondern lässt den am Verfahren Beteiligten einen weiteren Spielraum. Es geht um die Etablierung eines rechtlich regulierten, unverstellten, verlaufs- und ergebnisoffenen Suchprozesses.[319]

Insoweit genügt jedes Verfahren den Anforderungen des § 167 Abs. 2 SGB IX, das die zu beteiligenden Stellen, Ämter und Personen einbezieht, das keine vernünftigerweise in Betracht zu ziehende Maßnahme ausschließt und in dem die von den Teilnehmern eingebrachten Vorschläge und Lösungsansätze erörtert werden.[320]

Das Verfahren ist damit ergebnisoffen. Auch wird dem Arbeitgeber nicht zur Auflage gemacht, bestimmte Vorschläge für den Arbeitnehmer zu machen.[321] Jeder Beteiligte am bEM-Verfahren soll vielmehr sich selbst in die Gespräche mit einbringen und Lösungsmöglichkeiten aufzeigen.[322]

2. Mindestvoraussetzungen des Verfahrens

Aus dem Gesetz lassen sich Mindeststandards ableiten. Das BAG geht daher davon aus, dass die gesetzlich dafür vorgesehenen Stellen, Ämter und Personen zu beteiligen sind. Diese alle am bEM-Verfahren Beteiligten haben eine „an den gesetzlichen Zielen des BEM orientierte Klärung ernsthaft zu versuchen".[323] Hierfür ist notwendig festzustellen, welche gesundheitlichen Einschränkungen zu den Ausfallzeiten wegen krankheitsbedingter Arbeitsunfähigkeit geführt haben und welche Möglichkeiten bestehen, diese Fehl-

318 BAG, Urt. v. 10.12.2009 – 2 AZR 198/09, NZA 2010, S. 639.

319 BAG, Urt. v. 18.10.2027 – 10 AZR 47/17, NZA 2018, 162; BAG, Urt. v. 10.12.2009 – 2 AZR 198/09, NZA 2010, S. 639.

320 BeckOK Sozialrecht//*Gutzeit*, SGB IX § 167, Rn. 15.

321 ErfK/*Niemann*, BGB § 626, Rn. 48 b.

322 ErfK/*Niemann*, BGB § 626, Rn. 48 b; BAG 10.12.2009 – 2 AZR 400/08, NZA 2010, S. 398.

323 BAG, Urt. v. 10.12.2009 – 2 AZR 400/08, NZA 2010, S. 398.

zeiten zu verringern, um eine krankheitsbedingte Kündigung zu vermeiden.[324]

Die Mindestvoraussetzungen des bEM-Verfahrens umfassen nach Kempter/Steinat daher:[325]

- Beteiligung der in § 167 Abs. 2 SGB IX genannten Stellen, Ämter, Personen.
- Keine vernünftig erscheinende Änderungs- oder Anpassungsmöglichkeit darf von vornherein ausgeschlossen werden.
- Die vorgebrachten Vorschläge der Beteiligten sind sachlich zu erörtern.

Zu den einzelnen Rechten und Verpflichtungen wird im Folgenden näher eingegangen.

3. Initiativlast des Arbeitgebers

Grundsätzlich treffen zunächst den Arbeitgeber die Initiativlast und die Pflicht der organisatorischen Umsetzung.[326] Der Arbeitgeber ist somit beim Vorliegen der Voraussetzungen des § 167 Abs. 2 SGB IX verpflichtet, mit dem betroffenen Arbeitnehmer in Kontakt zu treten und diesem die Durchführung eines bEM-Verfahrens anzubieten.[327]

4. Mitwirkungspflicht des betroffenen Arbeitnehmers

Für die Durchführung des bEM-Verfahrens ist gemäß § 167 Abs. 2 Satz 1 SGB IX die Zustimmung des betroffenen Arbeitnehmers erforderlich, die als eine geschäftsähnliche Handlung einzuordnen ist.[328] Der betroffene Arbeitnehmer kann seine Zustimmung zur Durchführung des bEM-Verfahrens auch verweigern oder sie erst später erteilen oder im laufenden Verfahren widerrufen.[329] Der betroffene Arbeitnehmer ist nicht verpflichtet, Diagnosedaten an nicht im bEM-Verfahren Beteiligte mitzuteilen.[330] Der betroffene Arbeitnehmer ist durch das Erfordernis der Zustimmung „Herr des Verfahrens“, zum Schutz des Selbstbestimmungsrechts.[331] Vor diesem Hintergrund

324 BAG, Urt. v. 10.12.2009 – 2 AZR 400/08, NZA 2010, S. 398.
325 *Kempter/Steinat*, S. 840.
326 BAG, Urt. v. 20.11.2014 – 2 AZR 755/13, NZA 2015, S. 612; *Hoffmann-Remy*, S. 1261.
327 BeckOK ArbSchR/*Pflüger/Grüner*, SGB IX § 167, Rn. 23.
328 BDDH/*Euler*, SGB IX § 167, Rn. 9.
329 BAG, Urt. v. 07.02.2012 – 1 ABR 46/10, NZA 2012, S. 7; *Wetzling/Habel*, sehen eine Mitwirkungspflicht des betroffenen Arbeitnehmers, S. 1129.
330 LAG Baden-Württemberg, Urt. v. 28.07.2021 – 4 Sa 68/20, NZA-RR 2021, S. 596.
331 *Schmidt*, BEM Rn. 46.

kann auch kein bEM-Verfahren durchgeführt werden, wenn der Arbeitnehmer die Zustimmung verweigert oder sich überhaupt nicht äußert.[332] Allerdings kann sich der betroffene Arbeitnehmer bei der Verweigerung zur Durchführung eines ordnungsgemäßen bEM-Verfahrens oder im Falle des Abbruchs in einem eventuell zeitlich späteren Kündigungsrechtsstreit nicht geltend machen, es sei kein bEM-Verfahren durchgeführt worden.[333] Der Arbeitgeber ist jedoch verpflichtet ein erneutes bEM-Verfahren durchzuführen und die Zustimmung des betroffenen Arbeitnehmers einzuholen, wenn dieser innerhalb eines Jahres erneut länger als sechs Wochen ununterbrochen oder wiederholt arbeitsunfähig ist, auch wenn der betroffene Arbeitnehmer in einem vorangegangenen bEM-Verfahren seine Zustimmung nicht erteilt hatte.[334]

5. Zustimmung des Arbeitnehmers nach vorheriger ausführlicher Aufklärung durch den Arbeitgeber

Der Arbeitgeber hat vor Einleitung des Verfahrens den betroffenen Arbeitnehmer oder den gesetzlichen Vertreter nach § 167 Abs. 2 Satz 4 SGN IX über die Ziele des Verfahrens konkret hinzuweisen.[335] Mithin muss der Arbeitgeber dem betroffenen Arbeitnehmer deutlich machen, was unter einem bEM-Verfahren zu verstehen ist und dass es darum geht, gemeinsame Maßnahmen zu suchen und umzusetzen, um die bestehende oder die erneute Arbeitsunfähigkeit zu verhindern und das Arbeitsverhältnis zu erhalten.[336] Die Darstellung muss dabei über die gesetzlichen Ausführungen in § 167 Abs. 2 SGB IX hinausgehen und zugleich hervorheben, dass es sich bei dem beabsichtigten bEM-Verfahren um ein ergebnisoffenes Verfahren handelt und auch der betroffene Arbeitnehmer Vorschläge und Anregungen einbringen kann.[337]

Ferner muss der betroffene Arbeitnehmer einen Hinweis zur Datenerhebung und Datenverwendung erhalten, der klarstellt, dass nur solche Daten erhoben werden, deren Kenntnis erforderlich ist, um ein zielführendes, der Gesundung und Gesunderhaltung des betroffenen Arbeitnehmers dienenden

332 *Britschgi*, S. 41.

333 BAG, Urt. v. 10.12.2009 – 2 AZR 400/08, NZA 2010, S. 398; FRR/*Ritz/Schlan*, SGB IX § 167, Rn. 34a.

334 BAG, Urt. v. 18.11.2021 – 2 AZR 138/21, NJW 2022, S. 889; *Feichtinger/Wagner*, S. 8.

335 BAG, Urt. v. 24.03.2011 – 2 AZR 170/10, NZA 2011, S. 992.

336 BDDH/*Euler*, SGB IX § 167, Rn. 10.

337 BAG, Urt. v. 20.11.2014 – 2 AZR 755/13, NZA 2015, S. 612; BeckOK ArbSchR/*Pflüger/Grüner*, SGB IX § 167, Rn. 30.

bEM-Verfahren durchführen zu können.[338] Ferner muss dem betroffenen Arbeitnehmer mitgeteilt werden, welche Krankheitsdaten – als sensible Daten i. S. v. Art. 9 DGSVO – erhoben und gespeichert und inwieweit und für welche Zwecke sie dem Arbeitgeber zugänglich gemacht werden, denn nur bei einer entsprechenden Unterrichtung kann vom Versuch der ordnungsgemäßen Durchführung eines bEM-Verfahrens die Rede sein.[339]

Eine schriftliche Einladung ist gesetzlich nicht vorgeschrieben. Da jedoch jeder Arbeitgeber die ordnungsgemäße Erfüllung seiner Hinweispflichten dokumentieren sollte, um im Kündigungsschutzprozess seiner Darlegungs- und Beweispflicht nachzukommen, empfiehlt es sich ein Einladungsschreiben mit dem Inhalt der Hinweispflichten dem betroffenen Arbeitnehmer zu übersenden, wobei fehlerhafte Einladungsschreiben in einem etwaigen anschließenden Kündigungsschutzprozess zu Lasten des Arbeitgebers gehen.[340] Zu Beginn des Einladungsschreibens sollte der Hinweis erfolgen, bezogen auf § 167 Abs. 2 SGB IX, dass der betroffene Arbeitnehmer innerhalb der letzten zwölf Monate mehr als sechs Wochen arbeitsunfähig war.[341]

Weiterhin muss das Einladungsschreiben dem betroffenen Arbeitnehmer auch zugehen, wobei allein der Einwurf eines Benachrichtigungszettels, wonach die Sendung an dem angegebenen Ort abgeholt werden könne, den Zugang des Schreibens nicht ersetzt.[342] Der Beweis des ersten Anscheins für den Zugang eines Einwurfeinschreibens kann nur angenommen werden, wenn neben dem Einlieferungsbeleg auch eine Reproduktion des Auslieferungsbelegs vorgelegt wird.[343] Im Einladungsschreiben soll der Arbeitgeber dem betroffenen Arbeitnehmer eine angemessene Rückäußerungsfrist von zwei bis maximal vier Wochen setzen.[344] Ist die Rückäußerungsfrist zu knapp bemessen, kann der Arbeitgeber nicht davon ausgehen, dass der betroffene Arbeitnehmer kein bEM-Verfahren wünscht und dass insoweit ein neuer Versuch der Durchführung des Verfahrens vor Ausspruch der Kündigung zu erfolgen hat.[345] Auch eine Ablehnung des betroffenen Arbeitnehmers wirkt nur so lange fort, bis sich in einem Zeitraum von maximal 365 Tagen abermals Fehlzeiten im in § 167 Abs. 2 SGB IX genannten Umfang angesammelt haben, da nicht ausgeschlossen werden kann, dass

338 BAG, Urt. v. 20.11.2014 – 2 AZR 755/13, NZA 2015, S. 612.

339 BAG, Urt. v. 20.11.2014 – 2 AZR 755/13, NZA 2015, S. 612; *Britschgi*, S. 38.

340 DDJL/*Düwell*, SGB IX § 167, Rn. 61; *Britschgi*, S. 39.

341 *Britschgi*, S. 43.

342 LAG Rheinland-Pfalz, Urt. v. 08.10.2020 – 2 Sa 340/19, BeckRS 2020, 45155.

343 LAG Baden-Württemberg, Urt. v. 28.07.2021 – 4 Sa 68/20, NZA-RR 2021, S. 596.

344 *Schmidt*, BEM, Rn. 58.

345 LAG Rheinland-Pfalz, Urt. v. 08.10.2020 – 2 Sa 340/19, BeckRS 2020, 45155.

die Ablehnungsgründe des betroffenen Arbeitnehmers überholt oder entfallen sind.[346]

Erfolgt, trotz einer schriftlichen ordnungsgemäßen Einladung zur Durchführung des bEM-Verfahrens keine Reaktion seitens des betroffenen Arbeitnehmers, so wird dem Arbeitgeber empfohlen, vorsorglich mindestens noch einmal, ggf. auch zweimal, innerhalb einer Frist von vier bis maximal sechs Wochen, den betroffenen Arbeitnehmer nochmals in verschärfter Form (Erinnerung) zur Durchführung des bEM-Verfahrens aufzufordern und zugleich darauf hinweisen, dass ein Schweigen des betroffenen Arbeitnehmers als eine Ablehnung gewertet wird und der betroffene Arbeitnehmer im Weigerungsfall mit einer Kündigung rechnen muss.[347]

Einer gesonderten datenschutzrechtlichen Einwilligung des betroffenen Arbeitnehmers, der dem bEM-Verfahren zugestimmt hat, bedarf es für die Einleitung des bEM-Verfahrens nicht, vielmehr ist es dem Arbeitgeber auch ohne vorherige datenschutzrechtliche Einwilligung möglich und zumutbar mit dem beabsichtigten bEM-Verfahren zu beginnen und mit dem betroffenen Arbeitnehmer in einem Erstgespräch den möglichen Verfahrensablauf zu besprechen.[348]

Weiterhin muss der Arbeitgeber den betroffenen Arbeitnehmer darauf hinweisen, dass eine Hinzuziehung des Betriebsrates zur Klärung von Möglichkeiten im Sinne von § 167 Abs. 2 SGB IX das Einverständnis des betroffenen Arbeitnehmers voraussetzt.[349] Ergänzend bedarf es der Hinweispflicht seitens des Arbeitgebers, dass auch die Möglichkeit der Entscheidung über die Hinzuziehung von Betriebsärzten und Reha-Trägern gehört.[350]

Im Rahmen der gesetzlichen Erfordernisse ist der betroffene Arbeitnehmer auch darauf hinzuweisen, dass er auch eine Person seines Vertrauens hinzuziehen kann; dies kann auch eine anwaltliche Vertretung sein.[351] Wird die betreffende Vertrauensperson nicht unentgeltlich tätig, so hat der betroffene Arbeitnehmer die Kosten zu tragen.[352] Der betroffene Arbeitnehmer kann auch die Beteiligung einer Person aus dem Betriebsrat oder aus der

346 LAG Schleswig-Holstein, Urt. v. 03.06.2015 – 6 Sa 396/14, BeckRS 2015, 72174.

347 *Schmidt,* BEM, Rn. 58, *Hoffmann-Remy,* NZA 2017, 159 (schlägt zwei bis drei ergebnislose Erinnerungen vor); *Feichtinger/Wagner,* S. 11.

348 BAG, Urt. v. 15.12.2022 – 2 AZR 162/22, NZA 2023, S. 500; *Britschgi,* S. 35 (Erfordernis einer weiteren ausdrücklichen Einwilligung, deren Anforderungen sich nach Art. 6, 7 und 9 EU-DSGVO sowie § 26 Abs. 3 BDSG richten).

349 BAG, Urt. v. 20.11.2014 – 2 AZR 755/13, NZA 2015, S. 612; Schaub, ArbR-HdB/*Linck* § 131, Rn. 7.

350 DDJL/*Düwell,* SGB IX § 167, Rn. 61.

351 *Schmidt,* BEM, Rn. 48.

352 *Feichtinger/Wagner,* S. 11.

Schwerbehindertenvertretung an dem bEM-Verfahren ablehnen, sodass in diesem Fall das Verfahren ohne die Beteiligten durchzuführen ist.[353]

6. Datenschutzverpflichtung des Arbeitgebers und der weiteren am Verfahren beteiligten Personen

Der Arbeitgeber hat insbesondere den Datenschutz zu beachten, da im bEM-Verfahren regelmäßig personenbezogene Daten des Arbeitnehmers erhoben, genutzt und verarbeitet werden. Der Arbeitgeber darf dabei auch ohne Einwilligung des betroffenen Arbeitnehmers die Daten erheben und verarbeiten, die er benötigt, um festzustellen, ob die Voraussetzungen für die Einleitung eines bEM-Verfahrens gegeben sind.[354] Dies gilt unabhängig davon, ob der betroffene Arbeitnehmer das bEM-Verfahren ablehnt oder diesem zustimmt.[355] Sofern der betroffene Arbeitnehmer der Durchführung des bEM-Verfahrens zustimmt, wird der Arbeitgeber regelmäßig weitere Daten erheben und verarbeiten, sodass, aus Gründen der Rechtssicherheit, eine gesonderte Einholung einer datenschutzrechtlichen Einwilligung – neben der Zustimmungserklärung zum bEM-Verfahren – vom Arbeitgeber einzuholen ist.[356] Hingegen ist die Übermittlung der zuvor vom Arbeitgeber erhobenen Daten über die krankheitsbedingten Fehlzeiten und die Namen der betroffenen Arbeitnehmer an den Betriebsrat auch bei fehlender Einwilligung der betroffenen Arbeitnehmer nach § 28 Abs. 4 Nr. 3 BDSG zulässig.[357] Die im Rahmen des bEM-Verfahrens erlangten und verarbeiteten Daten erfordern einen besonderen Geheimnisschutz , der dadurch gewährleistet werden kann, dass diese Daten in einer besonderen Akte enthalten sind oder in einem verschlossenen Umschlag mit eingeschränktem Zugangarechten.[358] Die Daten sind somit in eine „bEM-Akte" besonders zu schützen und getrennt von der Personalakte aufzubewahren, wenngleich in der Personalakte alles vermerkt werden darf und soll, was zum Nachweis eines ordnungsgemäßen bEM-Verfahrens erforderlich ist (z. B. Einladungsschreiben, Erklärungen des betroffenen Arbeitnehmers, Ergebnis des bEM-Verfahrens).[359]

---

353 *Feichtinger/Wagner*, S. 10.

354 BAG, Urt. v. 07.02.2012 – 1 ABR 46/10, NZA 2012, S. 744.

355 *Schmidt*, BEM, Rn. 66; *Deinert*, S. 969.

356 *Schmidt/Plote*, S. 1297.

357 BAG, Urt. v. 07.02.2012 – 1 ABR 46/10, NZA 2012, S. 744.

358 BAG, Urt. v. 12.09.2006 – 9 AZR 271/06, NZA 2007, 269; *Deinert*, S. 969.

359 *Kempter/Steinat*, S. 840; s. auch *Schmidt*, BEM, Rn. 72, die vorschlägt, eine schriftliche bEM-Akte zu führen und auf eine elektronische Speicherung bis zum Abschluss des bEM-Verfahrens zu verzichten.

Diese in der Personalakte hinterlegten Daten sind längstens für drei Jahre, beginnend mit dem Schluss des Jahres, in dem das bEM-Verfahren durchgeführt wurde, aufzubewahren.[360] Umstritten ist die Frage, ob die in einem bEM-Verfahren erlangten Daten von dem Arbeitgeber in einem ggf. anschließenden Kündigungsschutzverfahren eingeführt werden dürfen.[361] Die Verwendung der erlangten Daten in einem Prozess wird mit dem Argument verneint, dass ein Hinweis des Arbeitgebers dahingehend zu erfolgen hat, dass nur solche Daten erhoben werden, die erforderlich sind, um zielführend einen Suchprozess durchzuführen, der der Gesundheit und der Gesunderhaltung dient.[362] Wird im Hinweis des Arbeitgebers über die Datenerhebung und Datenverwendung der fälschliche Eindruck erweckt, dass Gesundheitsdaten an Vertreter des Arbeitsgebers weitergegeben werden können, die nicht am bEM-Verfahren beteiligt sind, geht dies zu Lasten des Arbeitgebers, da die von ihm verursachte Fehlvorstellung einer ordnungsgemäßen Einleitung des bEM-Verfahrens entgegen steht.[363] Mithin ist jegliche Verarbeitung und Nutzung der im bEM-Verfahren erhobenen Daten für andere Zwecke als für die Durchführung des bEM-Verfahren und insbesondere für den Ausspruch einer krankheitsbedingten Kündigung ausgeschlossen.[364] Ansonsten würde auch die Führung einer separaten bEM-Akte sinnentleert sein.[365] Hat das bEM-Verfahren zur Erkenntnis geführt, dass es keine Möglichkeit gibt, die Arbeitsunfähigkeit des betroffenen Arbeitnehmers zu überwinden oder künftige zu vermeiden, genügt der Arbeitgeber seiner Darlegungslast im Kündigungsschutzprozess, wenn er auf diesen Umstand hinweist und behauptet, es bestünden keine anderen Beschäftigungsmöglichkeiten.[366] Im Kündigungsschutzprozess darf der Arbeitgeber keine Erkenntnisse vorbringen, die sich unmittelbar auf die Gesundheitsdaten beziehen und keine ärztliche Diagnosen.[367]

7. Hinzuziehung einer Vertrauensperson

Ausweislich der gesetzlichen Regelung des § 167 Abs. 2 Satz 2 SGB IX können betroffene Arbeitnehmer zusätzlich zur Interessenvertretung und somit

360 *Schmidt,* BEM, Rn. 72.

361 ErfK/*Rolfs,* SGB IX § 167, Rn. 5a.

362 BAG, Urt. v. 20.11.2014 – 2 AZR 47/16, NZA 2017, S. 1605.

363 LAG Baden-Württemberg, Urt. v. 20.10.2021 – 4 Sa 70/20, NZA-RR 2022, S. 70.

364 *Deinert,* S. 969; *Schmidt,* BEM, Rn. 78; *Kempter/Steinat,* S. 840, a. A. *Hoffmann-Remy,* S. 267; *Evermann,* S. 1465 (u. a. unter Bezugnahme auf die Entscheidung des BAG vom 10.12.2009 – 2 AZR 400/08, NZA 2010, S. 398); *Schiefer,* S. 196.

365 *Beck,* S. 81.

366 ErfK/*Rolfs* SGB IX § 167, Rn. 9; *Evermann,* S. 1465.

367 *Schmidt,* BEM, Rn. 78.

auch zusätzlich zum Betriebsrat einen externen Beistand hinzuziehen. Dies kann ein Ehe- oder Lebenspartner, ein Verwandter, Bekannter aber auch ein Physiotherapeut, Arzt oder Rechtsanwalt sein, die den betroffenen Arbeitnehmer begleiten.[368] Mithin schließt die Hinzuziehung eines externen Beistandes die Teilnahme des Betriebs- oder Personalrates nicht aus. Der Arbeitgeber hat auf die Möglichkeit der Hinzuziehung einer Vertrauensperson ausdrücklich hinzuweisen.[369]

Der im Verfahren beigezogenen Person des Vertrauens sind dabei alle im Verfahren vorhandenen Unterlagen ebenfalls auszuhändigen, damit diese ihren Auflagen gerecht werden kann.[370]

8. Beteiligung der zuständigen Interessenvertretungen

Der Arbeitgeber ist verpflichtet, das bEM-Verfahren durchzuführen, sobald die gesetzlichen Voraussetzungen des § 167 Abs. 2 SGB IX vorliegen. Am bEM-Verfahren sind neben dem Arbeitgeber und dem betroffenen Arbeitnehmer mit dessen Zustimmung auch der Betriebsrat bzw. Personalrat, die Schwerbehindertenvertretung und, wenn Leistungen zur Teilhabe oder begleitende Hilfen in Betracht kommen, die örtlichen Rehabilitationsträger und/oder das Integrationsamt zu beteiligen.[371] Ein bEM-Verfahren ist beim Vorliegen der Voraussetzungen des § 167 Abs. 2 SGB IX auch dann durchzuführen, wenn im Betrieb keine Interessenvertretungen bestehen, da § 167 SGB IX keinen Ausschluss von Kleinstbetrieben vorsieht.[372]

Sofern der Arbeitgeber das bEM-Verfahren durchführt, muss dieser auch die Interessenvertretung zum Verfahren hinzuziehen, wenn der betroffene Arbeitnehmer damit einverstanden ist und eine Interessenvertretung besteht.[373]

Für Kleinbetriebe haben Berufsgenossenschaften Handlungsleitfäden für die Durchführung von bEM-Verfahren entwickelt, in dem auch die einzelnen Handlungsschritte festgelegt sind.[374]

368 *Britschgi*, S. 51.
369 *Schwede*, S. 312.
370 *Schwede*, S. 312.
371 ErfK/*Rolfs* SGB IX § 167, Rn. 7.
372 *Schmidt*, BEM, Rn. 80; DDJL/*Düwell* SGB IX § 167, Rn. 58.
373 BAG, Urt. v. 20.11.2014 – 2 AZR 755/13, NZA 2015, S. 612; BAG, Urt. v. 22.03.2016 – 1 ABR 14/14, NZA 2016, S. 1253.
374 DDJL/*Düwell*, SGB IX § 167, Rn. 58.

8.1 Betriebsrat

→ a) Überwachungsrecht des Betriebsrats

Dem Betriebsrat steht aufgrund der Regelung aus § 167 Abs. 2 Satz 7 und Satz 8 SGB IX ein Überwachungsrecht zu.[375] Der Betriebsrat kann daher gemäß § 80 Abs. 2 BetrVG verlangen, dass der Arbeitgeber ihm in regelmäßigen Abständen die Namen der Arbeitnehmer übermittelt, welche für die Durchführung eines bEM-Verfahrens aufgrund der Erkrankungszeiten in Betracht kommen.[376] Dem Betriebsrat sind daher die Namen der Arbeitnehmer mitzuteilen, welche länger als sechs Wochen erkrankt sind und zwar selbst dann, wenn der Arbeitnehmer nicht zugestimmt hat.[377] Die Beteiligungsrechte des Betriebsrates ergeben sich aus § 167 Abs. 2 Satz 7 und Satz 8 SGB IX und beziehen sich auf die dem Arbeitgeber obliegenden Aufgaben im Rahmen des Klärungsprozesses und begründen auf diese Regelung ein Mitbestimmungsrecht.[378] Der Arbeitgeber kann sich bei der Herausgabe der Daten des Arbeitnehmers nicht auf entgegenstehende datenschutzrechtliche Gründe berufen, da auf der Seite des Betriebsrates ein überwiegendes Interesse besteht.[379] Der Auskunftsanspruch des Betriebsrates bezieht sich allerdings nur auf den Namen des Arbeitnehmers und die Angaben zu den Fehlzeiten.[380] Mithin sind darüber hinaus gehende Informationen, wie z. B. bezüglich der Art und Schwere der Erkrankung oder die Rückantwort des Arbeitnehmers nicht vom Informations- bzw. Auskunftsanspruch des Betriebsrates erfasst.[381]

→ b) Mitbestimmungsrecht des Betriebsrats

Bei der Bestimmung des § 167 Abs. 2 SGB IX handelt es sich um eine öffentlich-rechtliche Rahmenvorschrift, die jedenfalls mittelbar dem Gesundheits-

375 BDDH/*Euler*, SGB IX § 167, Rn. 18.

376 BAG, Beschl. v. 07.02.2012 – 1 ABR 46/10, NZA 2012, S. 744.

377 BAG, Beschl. v. 09.04.2019 – 1 ABR 51/17, NZA 2019, S. 1055.

378 BVerwG, Beschl. v. 23.06.2010 – 6 P 8/09, NZA-RR 2010, S. 554; DDJL/*Düwell*, SGB IX § 167, Rn. 75 und *Nassibi*, NZA 2012, S. 720 für den Fall, dass der Arbeitnehmer dem bEM-Verfahren zustimmt; BeckOK Sozialrecht/*Gutzeit* SGB IX § 167, Rn. 10; a. A. ErfK/*Rolfs* SGB IX § 167, Rn. 7.

379 BAG, Beschl. v. 07.02.2012 – 1 ABR 46/10, NZA 2012, S. 744.

380 *Schmidt*, BEM, Rn. 86.

381 ErfK/*Rolfs* SGB IX § 167, Rn. 7; *Schmidt*, BEM, Rn. 86; weitergehend: DDJL/*Düwell*, SGB IX § 167, Rn. 97 und *Britschgi*, S. 53 verlangen auch die Vorlage des Einladungsschreibens an den Arbeitnehmer).

schutz dient und bei deren Ausfüllung des Arbeitgebers ein Handlungsspielraum lässt.[382]

Da nach den gesetzlichen Regelungen nur das „Ob“ und nicht das „Wie“ der Durchführung des bEM-Verfahrens geregelt wurde, unterliegt die generelle Einführung des bEM-Verfahrens der Mitbestimmung des Betriebsrates nach § 87 Abs. 1 Nr. 1 BetrVG und betrifft somit das Mitbestimmungsrecht bezüglich des Ordnungsverhaltens der Arbeitnehmer.[383]

Darüber hinaus ergibt sich ein Mitbestimmungsrecht in Bezug auf die Nutzung und Verarbeitung von Gesundheitsdaten aus § 87 Abs. 1 Nr. 6 BetrVG.[384] Ferner besteht noch hinsichtlich der Ausgestaltung ein Mitbestimmungsrecht des Betriebsrates nach § 87 Abs. 1 Nr. 7 BetrVG.[385]

Der Betriebsrat kann sich nicht auf sein Mitbestimmungsrecht nach § 87 Abs. 1 Nr. 1 BetrVG stützen, bezüglich der Verpflichtung des Arbeitgebers sämtliche Arbeitnehmer über den Ablauf und den Inhalt des bEM-Verfahrens zu informieren.[386] Die Hinzuziehung des Betriebsrates zu einem bEM-Verfahren bzw. bEM-Gespräch ist nur mit der vorherigen Zustimmung des betroffenen Arbeitnehmers zulässig.[387]

Da § 167 Abs. 2 SGB IX keine abschließende Regelung hinsichtlich der organisatorischen Gestaltung des bEM-Verfahrens beinhaltet, verbleibt ein mitbestimmungspflichtiger Regelungsspielraum, z. B. bezüglich des Ablaufs des bEM-Verfahrens, der Zielrichtung sowie etwaigen Verschwiegenheitspflichten; mithin Fragen, die die Ordnung des Betriebes betreffen und mit dem Betriebsrat zu regeln sind.[388] Hingegen besteht weder ein Mitbestim-

382 *Fitting*, BetrVG § 87, Rn. 323.

383 LAG Berlin-Brandenburg, Beschl. v. 23.09.2010 – 25 TaBV 1155/10, ArbRAktuell 2011, S. 178.

384 BAG, Beschl. v. 22.03.2016 – 1 ABR 14/14, NZA 2016, S. 1283; LAG Hamburg, Beschl. v. 15.01.2013 – 2 TaBV 13/11, BeckRS 2013, 69903.

385 LAG Schleswig-Holstein, Beschl. v. 19.12.2006 – 6 TaBV 14/06, BeckRS 2007, 41468; LAG Nürnberg, Beschl. v. 16.01.2013 – 2 TaBV 6/12, ArbRAktuell 2013, S. 136; BAG, Beschl. v. 13.03.2012 – 1 ABR 78/10, NZA 2012, S. 748; *Balikcioglu,* S. 1424; a. A. *Balders,* S. 854.

386 BAG, Beschl. v. 22.03.2016 – 1 ABR 14/14, NZA 2016, S. 1283; *Feichtinger/Wagner*, S. 18.

387 BAG, Beschl. v. 22.03.2016 – 1 ABR 14/14, NZA 2016, S. 1283; BAG, Beschl. v. 11.12.2018 – 1 ABR 12/17, NZA 2018, S. 480 (bezüglich eines Gespräches zwischen Arbeitgeber und Arbeitnehmer als Vorbereitung auf eine „disziplinarische Maßnahme“); *Hoffmann-Remy,* S. 1261.

388 BAG, Beschl. v. 19.11.2019 – 1 ABR 36/18, NZA 2020, S. 389; *Schmidt*, BEM, Rn. 91 (Beispiele).

mungsrecht bei der Feststellung der Voraussetzungen für die Einleitung des bEM-Verfahrens noch bei der Regelung des Begriffs der Arbeitsunfähigkeit.[389]

Ein Mitbestimmungsrecht des Betriebsrates ergibt sich aus § 87 Abs. 1 Nr. 7 BetrVG hinsichtlich der inhaltlichen Ausgestaltung und somit bezüglich der Ausgestaltung des Klärungsprozesses.[390]

Kein erzwingbares Mitbestimmungsrecht des Betriebsrates besteht bezüglich der Bildung eines paritätisch besetzten Integrationsteams.[391] Nicht mitbestimmungsfähig sind auch die konkreten Hilfsmaßnahmen im Einzelfall.[392] Das Mitbestimmungsrecht des Betriebsrates umfasst auch nicht die Überprüfung ihrer Wirksamkeit und Qualität, die Begleitung von betroffenen Arbeitnehmern bei einer stufenweisen Wiedereingliederung und die Erstellung der jährlichen bEM-Dokumentation.[393] Den Betriebsparteien ist es jedoch unbenommen, freiwillige Betriebsvereinbarungen abzuschließen und Regelungen zu treffen, die der Mitbestimmung des Betriebsrates nicht unterliegen.[394]

Im Rahmen einer Betriebsvereinbarung sollten in jedem Fall die folgenden Punkte nach *Raif/Bordet* geregelt sein:[395]

- Konkret verantwortliche Person/Stelle für die Einleitung des bEM-Verfahrens
- Bildung eines bEM-Teams oder Benennung eines Integrationsbeauftragten
- Gewöhnliche Schritte/Ablauf des bEM-Verfahrens
- Datenschutzkonzept

Ein erfolgreiches bEM-Verfahren bedarf eines Konsens und Vertrauen der Betriebsparteien.[396] Eine entsprechende Betriebsvereinbarung kann Vertrauen schaffen und die Belegschaft sensibilisieren.[397] Zudem bietet die

389 BAG, Beschl. v. 13.03.2012 – 1 ABR 78/10, NZA 2012, S. 748; *Schmidt*, BEM, Rn. 95.
390 ErfK/*Kania,* BetrVG § 87, Rn. 66; *Hoffmann-Remy,* S. 1261.
391 BAG, Beschl. v. 22.03.2016 – 1 ABR 14/14, NZA 2016, S. 1283; ErfK/*Kania,* BetrVG § 87, Rn. 21a.
392 ErfK/*Kania,* BetrVG § 87, Rn. 21a; BAG, Beschl. v. 19.11.2019 – 1 ABR 36/18, NZA 2020, S. 389.
393 BAG, Beschl. v. 19.11.2019 – 1 ABR 36/18, NZA 2020, S. 389; *Schmidt*, BEM, Rn. 97.
394 *Schmidt*, BEM, Rn. 99; *Hoffmann-Remy,* S. 1261; *Feichtinger/Wagner*, S. 18.
395 *Raif/Bordet*, S. 400; s. hierzu auch *Schmidt*, BEM, Rn. 99; *Feichtinger/Wagner*, S. 19.
396 *Stück*, S. 1235.
397 *Raif/Bordet*, S. 400.

Betriebsvereinbarung auch die Chance, Transparenz zu schaffen und Vorurteile abzubauen.[398]

Zieht der betroffene Arbeitnehmer ein Betriebsratsmitglied zum bEM-Erstgespräch hinzu, so besteht eine Schweigepflicht des Betriebsratsmitgliedes auch gegenüber anderen Betriebsratskollegen.[399]

Im Hinblick auf den wirksamen Abschluss einer Betriebsvereinbarung ist auch zu prüfen, welches Gremium für diesen Abschluss zuständig ist. Hierbei kommt der örtliche Betriebsrat, der Gesamtbetriebsrat oder der Konzernbetriebsrat in Betracht. Die Zuständigkeit ergibt sich aus den Bestimmungen des BetrVG. Der Gesamtbetriebsrat ist gemäß dem Gesetzeswortlaut des § 50 Abs. 1 BetrVG zuständig für die Behandlung von Angelegenheiten, die das Gesamtunternehmen oder mehrere Betriebe betreffen und nicht durch die einzelnen Betriebsräte innerhalb ihrer Betriebe geregelt werden können. Der Konzernbetriebsrat ist gemäß § 54 Abs. 1 BetrVG zuständig für die Behandlung von Angelegenheiten, die den Konzern oder mehrere Konzernunternehmen betreffen und nicht durch die einzelnen Gesamtbetriebsräte innerhalb ihrer Unternehmen geregelt werden können.

Für das Verhältnis der originären Zuständigkeiten von Betriebsrat, Gesamtbetriebsrat und Konzernbetriebsrat gilt der Grundsatz der Zuständigkeitstrennung.[400] Die gesetzliche Zustimmungsverteilung ist zwingend und kann daher auch nicht durch einen Tarifvertrag oder durch eine Betriebsvereinbarung abgeändert werden.[401] Als unbeachtlich für die Zuständigkeit des Gesamtbetriebsrates hat die Rechtsprechung Zweckmäßigkeitserwägungen, oder unternehmerisch-wirtschaftliche Arbeitgeberinteressen angesehen.[402] Entscheidend sind die Umstände des Einzelfalls und der Inhalt der Regelung sowie das angestrebte Ziel, das durch die Regelung erreicht werden soll.[403] Grundsätzlich ist für den Abschluss einer Betriebsvereinbarung zum betrieblichen Eingliederungsmanagement von der Zuständigkeit des örtlichen Betriebsrates auszugehen.[404] Die Willensbildung des örtlichen Betriebsrats findet grundsätzlich in diesem als Gremium statt. Im Rahmen der gefassten Beschlüsse wird der Betriebsrat durch den Vorsitzenden nach § 26 Abs. 2 Satz 1 BetrVG vertreten.[405]

398 *Feichtinger/Wagner*, S. 18.
399 *Kort*, S. 502.
400 BAG, Beschl. v. 14.11.2006 – 1 ABR 4/06, NZA 2007, S. 399; BAG, Beschl. v. 19.11.2019 – 3 AZR 127/18, NZA 2020, S. 452; *Fitting*, BetrVG § 50, Rn. 9.
401 BAG, Beschl. v. 09.12.2003 – 1 ABR 49/02, NZA 2005, S. 234.
402 ErfK/*Koch*, BetrVG § 50, Rn. 3.
403 BAG, Beschl. v. 22.07.2008 – 1 ABR 40/07, NZA 2008, S. 1248; *Britschgi*, S. 64.
404 *Britschgi*, S. 64; *Feichtinger/Wagner*, S. 20.
405 *Fitting*, BetrVG § 26, Rn. 24.

In größeren Unternehmen können zur Durchführung des bEM-Verfahrens sog. „bEM-Teams“ oder „Integrationsteams“ gebildet werden, wobei diese Teams aus Mitgliedern des Betriebsrates, Vertretern des Arbeitgebers, der Schwerbehindertenvertretung, dem Betriebsarzt, dem Inklusionsbeauftragten des Arbeitgebers, einer Arbeitssicherheitsfachkraft, einem Suchtberater bestehen könnnen.[406]

Die Bildung dieser Teams bedarf der gemeinsamen Übereinkunft zwischen Arbeitgeber und Betriebsrat in einer freiwilligen Betriebsvereinbarung, da die Bildung dieser Teams durch den Betriebsrat nicht erzwungen werden kann.[407]

8.2 Schwerbehindertenvertretung

Neben dem Betriebsrat ist auch die Schwerbehindertenvertretung zu beteiligen, wenn ein schwerbehinderter Mensch zu den betroffenen arbeitsunfähig Erkrankten gehört.[408] Gemäß § 177 Abs. 1 Satz 1 SGB IX werden in Betrieben und Dienststellen, in denen wenigstens fünf schwerbehinderte Menschen nicht nur vorübergehend beschäftigt sind, eine Vertrauensperson und wenigstens ein stellvertretendes Mitglied gewählt, das die Vertrauensperson im Falle der Verhinderung vertritt. Die Beteiligungsrechte der Schwerbehindertenvertretung beziehen sich gemäß § 167 Abs. 2 Satz 7 und Satz 8 nur auf die dem Arbeitgeber obliegenden Pflichten innerhalb des Klärungsprozesses, eröffnen aber kein Mitbestimmungsrecht für die Umsetzung und Überprüfung von Maßnahmen unter seiner Beteiligung.[409]

8.3 Betriebs- und Werksarzt

Der Betriebs- oder Werkarzt ist gemäß § 167 Abs. 2 SGB IX bei Bedarf hinzuzuziehen. Wann ein Bedarf vorliegt, wird in der gesetzlichen Regelung nicht genannt. Aufgrund der Kenntnisse über betriebliche Gegebenheiten und der medizinischen Sachkunde, ist der Betriebs- oder Werksarzt ein wichtiger Beteiligter im Rahmen des bEM-Verfahrens.[410] Dies entspricht auch der Aufgabe des Betriebs- oder Werksarztes, nämlich den Arbeitgeber in Fragen des Arbeitsschutzes und bei der Unfallverhütung zu unterstützen und in

406 *Feichtinger/Wagner*, S. 19; Schmidt, S. 79.

407 BAG, Beschl. v. 22.03.2016 – 1 ABR 14/14, NZA 2016, S. 1283.

408 DDJL/*Düwell*, SGB IX § 167, Rn. 103.

409 BAG, Beschl. v. 19.11.2019 – 1 ABR 36/18, NZA 2020, S. 389; BAG, Beschl. v. 22.03.2016 – 1 ABR 14/14, NZA 2016, S. 1283; BDDH/*Euler*, SGB IX § 167, Rn. 12; a. A. BeckOK Sozialrecht/*Gutzeit*, SGB IX § 167, Rn. 12; *Britschgi*, S. 66.

410 FRR/*Ritz/Schlan*, SGB IX § 167, Rn. 37.

Fragen des Gesundheitsschutzes zu beraten.[411] Im Rahmen des bEM-Verfahrens könnte ein bedeutender Bestandteil des Gespräches die ärztlichen Befunde sein, die sowohl durch einen vom Arbeitnehmer ausgewählten Mediziner als auch durch den Betriebs- oder Werksarzt beigesteuert werden können.[412]

In diesem Zusammenhang kann der Betriebs- oder Werksarzt auch die Stellungnahmen des vom Arbeitnehmer ausgewählten Mediziners auf Auffälligkeiten überprüfen, insbesondere, ob Indizien vorliegen, die auf ein „Gefälligkeitsgutachten“ schließen lassen.[413] Im bEM-Verfahren kann der Betriebs- oder Werksarzt insbesondere dann hinzugezogen werden, wenn es um die Klärung möglicher betrieblicher Umstände für die Arbeitsunfähigkeit geht und welche Maßnahmen ergriffen werden können.[414] Diese Maßnahmen können nach *Schmidt*[415] betreffen:

- den Arbeitsrhythmus
- die Arbeitszeit
- die Gestaltung der Arbeitsplätze
- die Gestaltung des Arbeitsablaufs
- die Gestaltung der Arbeitsumgebung

Wenn der Betriebs- oder Werksarzt kann auch, mit Zustimmung des betroffenen Arbeitnehmers, Kontakte zu den Rehabilitationsträgern, zu dem behandelnden Arzt oder etwaigen Kliniken aufnehmen.[416]

Der Betriebs- oder Werksarzt zudem zur Wahrung ihm offenbarter Informationen strafrechtlich sanktioniert verpflichtet und auch mit dem Umgang mit sensiblen Daten geübt ist, sind auch datenschutzrechtliche Belange grundsätzlich gewahrt.[417] Mithin fällt dem Betriebs- oder Werksarzt eine wichtige Rolle beim Abgleich der Anforderungs- und Fähigkeitsmöglichkeiten des betroffenen Arbeitnehmers mit dem Anforderungsprofil der im Betrieb oder auf der Dienststelle vorhandenen Arbeitsplätze zu.[418]

411 *Schmidt*, BEM, Rn. 104.
412 *Aszmons/Lackschewitz*, S. 2070.
413 *Aszmons/Lackschewitz*, S. 2070.
414 *Schmidt*, BEM, Rn. 106.
415 *Schmidt*, BEM, Rn. 106.
416 *Britschgi*, S. 69.
417 FRR/*Ritz/Schlan*, SGB IX § 167, Rn. 37.
418 *Beck*, S. 81; *Schmidt*, BEM, Rn. 106.

8.4 Integrationsamt

Sofern bei einem betroffenen schwerbehinderten Arbeitnehmer Leistungen oder begleitende Hilfen im Arbeitsleben in Betracht kommen, ist auch das Integrationsamt zum bEM-Verfahren hinzuzuziehen, damit dieses seine Beratungs- und Leistungsangebote einbringen kann.[419] Dabei entscheidet das Integrationsamt als staatliche Behörde selbst, welcher Mitarbeiter konkret für die Bearbeitung des Einzelfalls in Betracht kommt, sodass der betroffene Arbeitnehmer keinen Anspruch auf einen konkreten Mitarbeiter hat.[420]

8.5 Integrationsfachdienst

Der Integrationsfachdienst kann bei schwerbehinderten oder gleichgestellten betroffenen Arbeitnehmern mit ins bEM-Verfahren einbezogen werden. Aufgabe des Integrationsfachdienstes gemäß § 193 SGB IX ist es, die Fähigkeiten des betroffenen Arbeitnehmers einzuschätzen und zu bewerten, sowie ein „individuelles Fähigkeits-, Leistungs- und Interessenprofil" zu erstellen und den Arbeitgeber davon zu unterrichten bzw. zu unterstützen, um die in Betracht kommenden Maßnahmen umzusetzen.[421]

Somit ist der Integrationsfachdienst für die Krisenintervention und die psychosoziale Betreuung der Schwerbehinderten bzw. Gleichgestellten genauso zuständig wie für die Beratung des Arbeitgebers, inwiefern dieser Leistungen in Zusammenarbeit mit den Rehabilitationsträgern oder dem Integrationsamt beanspruchen kann und wie diese beantragt werden können.[422] Dabei können der zuständige Rehabilitationsträger und das Integrationsamt die Unterstützung des Arbeitgebers und des betroffenen Arbeitnehmers durch den auf Training, Betreuung und Krisenintervention spezialisierten Integrationsdienst veranlassen.[423]

8.6 Rehabilitationsträger

Gemäß § 167 Abs. 2 Satz 5 SGB IX werden vom Arbeitgeber, wenn Leistungen zur Teilhabe oder begleitende Hilfen im Arbeitsleben in Betracht kom-

419 DDJL/*Düwell*, SGB IX § 167, Rn. 43.

420 LAG Köln, Urt. v. 23.01.2020 – 7 Sa 471/19, ArbRAktuell 2020, S. 454.

421 *Schmidt*, BEM, Rn. 112.

422 *Schmidt*, BEM, Rn. 113.

423 DDJL/*Düwell*, SGB IX § 167, Rn. 42.

men, die Rehabilitationsträger hinzugezogen. Die Rehabilitationsträger können dabei folgenden Stellen sein:[424]

- die gesetzlichen Krankenkassen
- die Bundesagentur für Arbeit
- die Träger der gesetzlichen Unfallversicherung
- die Träger der gesetzlichen Rentenversicherung
- die Träger der Kriegsopferversorgung und der Kriegsopferfürsorge
- die Träger der öffentlichen Jugendhilfe
- die Träger der Sozialhilfe

Die Rehabilitationsträger sind verpflichtet darauf hinzuwirken, dass die im Einzelfall erforderlichen Leistungen beantragt und auch innerhalb der Frist des § 14 Abs. 2 Satz 2 SGB IX erbracht werden.[425]

8.7 Weitere Stellen

Der Medizinische Dienst der Krankenkassen kann gemäß § 275 Abs. 1 Nr. 3 i. V. m. Abs. 1a Satz 3 SGB V hinzugezogen werden, wenn eine Arbeitsunfähigkeit des betroffenen Arbeitnehmers zu untersuchen ist oder bei Bedarf auch die Berufsgenossenschaften, wenn die Anhaltspunkte für eine Berufskrankheit vorliegt oder Leistungen der Unfallversicherung für die Wiedereingliederung des Arbeitnehmers beantragt werden sollen.[426]

Als weiterer interner und externer Sachverstand kann auch die Hinzuziehung von Sicherheitsfachkräften, Sicherheitsbeauftragten oder Vertretern der innerbetrieblichen Sozialarbeit, die z. B. in Fällen der Suchtabhängigkeit tätig sind, geboten sein.[427]

9. Ausgestaltung des bEM-Verfahrens

Das Verfahren ist zwar als offener Suchprozess ausgestaltet, aber es empfiehlt sich zu Beginn die Art und Weise der Einleitung sowie die Durchführung des Verfahrens zu regeln. Die Interessenvertretungen, sofern vorhanden, sollen dabei rechtzeitig mit einbezogen werden. *Kiel*[428] unterteilt die ordnungsgemäße Durchführung des bEM-Verfahrens in vier Phasen, näm-

424 Aufstellung bei *Britschgi*, S. 70 mit Verweis auf § 6 Abs. 1 SGB IX und weiteren Ausführungen.
425 FRR/*Ritz/Schlan*, SGB IX § 167, Rn. 38.
426 *Schmidt*, BEM, Rn. 117.
427 KRW/*Kohte*, SGB IX § 167, Rn. 27.
428 MHdB ArbR/*Kiel*, § 113, Rn. 36.

lich die Einleitungsphase, die Phase des Klärungsprozesses, die Durchführungsphase und ein Abschlussgespräch.

9.1 Auswahl der in Betracht kommenden Mitarbeiter

Zunächst sind durch den Arbeitgeber im Vorfeld die Arbeitnehmer auszusuchen, welche innerhalb eines Jahres länger als sechs Wochen arbeitsunfähig erkrankt waren. Hierzu sollte die Personalabteilung die möglichen bEM-Fälle überwachen.[429] Die Namen der betroffenen Arbeitnehmer sind im Rahmen des Unterrichtungsanspruches an den Betriebs- bzw. Personalrat weiterzuleiten.[430]

9.2 Einladung des Arbeitnehmers zum bEM-Gespräch

Steht fest, dass die Voraussetzungen des § 167 Abs. 2 SGB IX erfüllt sind, soll der betroffene Arbeitnehmer durch den Arbeitgeber zu einem bEM-Gespräch eingeladen werden. Dies stellt eine zentrale Anforderung an die ordnungsgemäße Durchführung des bEM-Verfahrens dar.[431] Der Mindestinhalt der Einladung sollte beinhalten:[432]

1. Darstellung der Ziele des bEM, die inhaltlich über eine bloße Bezugnahme auf die Vorschrift des § 167 Abs. 2 SGB IX hinausgeht.
2. Hinweis, dass es um eine Klärung, wie die Arbeitsunfähigkeit möglichst überwunden, erneuter Arbeitsunfähigkeit vorgebeugt und wie das Arbeitsverhältnis erhalten werden kann.
3. Verdeutlichung gegenüber dem betroffenen Arbeitnehmer, dass es um die Grundlage seiner Weiterbeschäftigung geht und dazu ein ergebnisoffenes Verfahren durchgeführt werden soll, in das auch er Vorschläge einbringen kann.
4. Hinweis zur Datenerhebung und Datenverwendung, der klarstellt, dass nur solche Daten erhoben werden, deren Kenntnis erforderlich ist, um ein zielführendes, der Gesundung und Gesunderhaltung des betroffenen Arbeitnehmers dienendes bEM durchführen zu können. Dem betroffenen Arbeitnehmer muss mitgeteilt werden, welche Krankheitsdaten – als sensible Daten – erhoben und gespeichert und inwieweit und für welche Zwecke sie dem Arbeitgeber zugänglich gemacht werden.

---

429 *Kempter/Steinat*, S. 840.

430 BAG, Beschl. v. 07.02.2012 – 1 ABR 46/10, NZA 2012, S. 744.

431 *Kempter/Steinat*, S. 840; BAG, Urt. v. 10.12.2009 – 2 AZR 400/08, NZA 2010, S. 398.

432 BAG, Urt. v. 20.11.2014 – 2 AZR 755/13, BeckRS 2015, 67504; vgl. auch *Kempter/Steinat*, S. 840; vgl. auch *Stück, S. 339; Schmidt,* BEM, Rn. 286 ff. (Mustertexte).

5. Hinweis auf die Freiwilligkeit des Arbeitnehmers an der Teilnahme am bEM.
6. Information, dass die Zustimmung zu einem bEM auch unter der Maßgabe erteilt werden kann, dass ein Einverständnis zur Beteiligung des Betriebsrates nicht erteilt wird.[433]
7 Information über die Hinzuziehung einer Vertrauensperson zum bEM-Verfahren.[434]
8. Information über die konkreten Fehlzeiten in den letzten zwölf Monaten, damit der betroffene Arbeitnehmer den Anlass der Initiative nachvollziehen kann.[435]

Vorliegend empfiehlt sich, ein standardisiertes Schreiben[436] an den betroffenen Arbeitnehmer zu verwenden. Zuvor kann zur Vorbereitung und zum besseren Verständnis auf das anstehende bEM-Verfahren auch ein allgemeines Gespräch zwischen dem Arbeitgeber und dem betroffenen Arbeitnehmer geführt werden.[437] Es genügt jedoch nicht, wenn der betroffene Arbeitnehmer lediglich eine Einladung zu einem „Gespräch" erhält und die Aufklärung erst im Rahmen dieses Erstgesprächs erfolgen soll. Dies entspricht nicht den Mindestanforderungen zur Aufklärung, da der Arbeitnehmer im Vorfeld bereits über die Ziele des bEM-Verfahrens und deren Tragweite umfassend zu informieren ist, um zu entscheiden, ob er am Verfahren teilnehmen möchte.[438] In dem Einladungsschreiben des Arbeitgebers an den betroffenen Arbeitnehmer sollte eine angemessene Frist von zwei bis vier Wochen zur Erklärung der zur Durchführung des bEM-Verfahrens erforderlichen Zustimmung gesetzt werden.[439] Zugleich sollte dem Einladungsschreiben ein Erklärungsformular für den betroffenen Arbeitnehmer vom Arbeitgeber beigefügt werden.[440] Mithin sollte ein Muster-Antwortschreiben des Arbeitgebers für den betroffenen Arbeitnehmer beigefügt werden, in welchem dieser seine Zustimmung oder Ablehnung zum Verfahren erklären kann. Zudem wäre es empfehlenswert, auch eine gesonderte Einwilligungserklärung zu der datenschutzrechtlich relevanten Erhebung und Verarbeitung der Gesundheits- und persönlichen Daten beizufügen.[441]

433 BAG, Urt. v. 22.03.2016 – 1 ABR 14/14, NZA 2016, S. 1283.
434 *Schmidt,* BEM, Rn. 288.
435 MHdB ArbR/*Kiel*, § 113, Rn. 36.
436 *Raif/Bordet*, S. 400.
437 MHdB ArbR/*Kiel*, § 113, Rn. 36.
438 *Aszmons/Lackschewitz*, S. 2070; *Kempter/Steinat*, S. 840.
439 *Schmidt,* BEM, Rn. 58.
440 MHdB ArbR/*Kiel*, § 113, Rn. 36.
441 *Kempter/Steinat*, S. 840.

Wenn der betroffene Arbeitnehmer ordnungsgemäß eingeladen wurde, hängt die weitere Durchführung des bEM-Verfahrens von dessen Reaktion ab. Das Vertrauen des betroffenen Arbeitnehmers in ein rechts- und sachgemäßes bEM-Verfahren wird durch das Erfordernis der freiwilligen und jederzeit ohne Angaben von Gründen widerruflichen Zustimmung bestimmt.[442] Stimmt der betroffene Arbeitnehmer zu, kann das Verfahren durchgeführt werden.

Sofern der betroffene Arbeitnehmer zwar zustimmt, sich aber vorbehält, seine sensiblen Gesundheitsdaten erst im Laufe des Verfahrens mitzuteilen, hat der Arbeitgeber das Erstgespräch durchzuführen und kann es nicht davon abhängig machen, dass der betroffene Arbeitnehmer zunächst eine Datenschutzerklärung unterzeichnet.[443]

Lehnt der betroffene Arbeitnehmer, trotz des Hinweises seitens des Arbeitgebers, dass er mit einer krankheitsbedingten Kündigung rechnen muss, wenn er sich nicht innerhalb einer Frist auf ein bEM-Verfahren einlässt, ab, so ist davon auszugehen, dass ein tatsächlich durchgeführtes bEM-Verfahren kein positives Ergebnis gebracht hätte.[444] Der Arbeitgeber braucht die Maßnahme vor Ausspruch der Kündigung nicht mehr als milderes Mittel berücksichtigen.[445] Meldet sich der betroffene Arbeitnehmer nicht, so ist dieser vorsorglich mindestens einmal, ggf. auch zweimal unter angemessener Frist von vier bis maximal sechs Wochen nochmals in „verschärfter Form“ zur Durchführung des bEM-Verfahrens aufzufordern.[446]

Lehnt der betroffene Arbeitnehmer die Teilnahme an dem bEM-Verfahren aus gesundheitlichen Gründen ab, oder lehnt er das Verfahren nicht dauerhaft ab, sondern hält er dies Verfahren zur Zeit nicht für erforderlich, so bedeutet dies nicht, dass es an dem Einverständnis fehle.[447] Auch aus der wiederholten Absage eines Termins wegen gesundheitlichen Gründen kann nicht geschlossen werden, dass der betroffene Arbeitnehmer die Durchführung des bEM-Verfahrens ablehnt, da nicht auszuschließen ist, dass er recht-

442 BAG, Urt. v. 29.06.2017 – 2 AZR 47/16, NZA 2017, S. 1605.

443 MHdB ArbR/*Kiel*, § 113, Rn. 42.

444 BAG, Urt. v. 10.12.2009 – 2 AZR 400/08, NZA 2010, S. 398; *Schunder*, S. 90; MHdB ArbR/*Kiel*, § 113, Rn. 42; *Schiefer*, S. 196 (mit einem Mustertext für das Einladungsschreiben).

445 BAG, Urt. v. 10.12.2009 – 2 AZR 400/08, NZA 2010, S. 398; *Schmidt*, BEM, Rn. 58.

446 *Schmidt*, BEM, Rn. 58; *Kempter/Steinat*, S. 840; LAG Schleswig-Holstein, Urt. v. 03.06.2015 – 6 Sa 396/14, BeckRS 2015, 72174.

447 LAG Hamm, Urt. v. 26.09.2008 – 10 Sa 1876/07, BeckRS 2008, 58383; LAG Hamm, Urt. v. 27.01.2012 – 13 Sa 1493/11, BeckRS 2012, 68656.

irrig davon ausgeht, den Termin nur deshalb abzusagen, weil er arbeitsunfähig erkrankt ist.[448]

Sollte der Arbeitgeber den Verdacht hegen, dass der betroffene Arbeitnehmer „krankfeiere“, so ist ein bEM-Verfahren einzuleiten, da der Arbeitnehmer in der Regel das Verfahren ablehnt oder sich gar nicht meldet.[449]

9.3 bEM-Gespräch bzw. Eingliederungsgespräch

Im Mittelpunkt des Klärungsprozesses steht das bEM-Gespräch. Dies ist auch während einer bestehenden Arbeitsunfähigkeit durchzuführen, wobei es, im Sinne einer vertrauensbildenden Struktur des bEM-Verfahrens, sinnvoll ist, dass nicht der Arbeitgeber selbst das Gespräch führt, sondern an bEM-Verantwortliche delegiert.[450] An dem bEM-Gespräch sollten alle Beteiligten teilnehmen, wobei diese sich über die Leitung verständigen müssten.[451] Das bEM-Gespräch sollte dabei in den Räumlichkeiten des Unternehmens stattfinden, damit ggf. die Einsatzmöglichkeiten kurzfristig durch eine Arbeitsplatzbegehung in Augenschein und geprüft werden können.[452] Zudem sollten sämtliche Schritte, beginnend mit dem Einladungsschreiben, dem bEM-Gespräch, das Eingliederungsgespräch, die festgelegten Maßnahmen bis hin zum Abschlussgespräch protokolliert werden.[453] Das abgefasste Protokoll sollte dann von den Beteiligten als „so geschehen“ gegengezeichnet werden.[454]

Das Erstgespräch dient hierbei im Wesentlichen dazu, eine Aufklärung darüber zu erlangen, worin die Einschränkung der krankheitsbedingten Leistungsfähigkeit besteht, ob diese Einschränkung betriebliche Ursachen hat (z. B. Art der Tätigkeit, Probleme mit Kollegen, Arbeitsüberlastung) und welche Leistungsmöglichkeiten nach Sicht der Beteiligten bestehen.[455]

An das Erstgespräch schließt sich, ggf. auch unmittelbar, ein Eingliederungsgespräch an. In dessen Rahmen ist zu analysieren, wie sich die Situation des Arbeitnehmers gestaltet und welche Maßnahmen in Betracht kommen und wie die weitere Vorgehensweise festgelegt wird.[456] In diesem

448 LAG Nürnberg, Urt. v. 18.02.2020 – 7 Sa 124/19, ArbRAktuell 2020, S. 362.
449 *Kempter/Steinat*, S. 840.
450 *Schmidt*, BEM, Rn. 258: BAG, Urt. v. 02.11.2016 – 10 AZR 596/15, NZA 2017, S. 183; *Hoffmann-Remy*, S. 159.
451 MHdB ArbR/*Kiel*, § 113, Rn. 52.
452 *Schiefer*, S. 196.
453 *Kempter/Steinat*, S. 840.
454 *Schiefer*, S. 196.
455 *Kempter/Steinat*, S. 840; MHdB ArbR/*Kiel*, § 113, Rn. 52.
456 *Kempter/Steinat*, S. 840.

Zusammenhang hat der Arbeitgeber bei Unterlassen eines bEM-Verfahrens nicht jede nur erdenkliche Maßnahme der Gesundheitsprävention – etwa eine Änderung der privaten Lebensführung des betroffenen Arbeitnehmers – von sich aus darzulegen.[457] Sofern das Erstgespräch nicht bereits zu einer Beendigung des bEM-Verfahrens führt, sind im weiteren Verlauf von den Beteiligten, gestützt auf das Erstgespräch, die Maßnahmen in Betracht zu ziehen, die in Betracht kommen, um zukünftige krankheitsbedingte Fehlzeiten zu reduzieren.[458] Hierbei kann auch ein Handlungsplan zur Überwindung der Arbeitsunfähigkeit vereinbart werden, wobei die Maßnahme darin bestehen kann: z. B. technische Hilfsmittel kommen zum Einsatz oder der Arbeitsablauf wird verändert oder ein Angebot von Homeoffice wird unterbreitet oder es erfolgt eine Versetzung auf einen anderen Arbeitsplatz oder es erfolgt eine Arbeitszeitreduzierung oder eine Umschulung oder eine Erweiterung der Qualifikation, oder eine stufenweise Wiedereingliederung nach § 44 SGB IX, § 74 SGB V.[459] Im Hinblick auf die Reduzierung der Arbeitszeit oder eine vom Arbeitsvertrag abweichende Tätigkeit, ggf. auch verbunden mit einer veränderten Vergütung bedürfen der beidseitigen Zustimmung der Arbeitsvertragsparteien.[460] Die Freikündigung eines anderen Arbeitsplatzes ist aber nicht erforderlich.[461] Als mögliche Maßnahme kann dabei auch die Empfehlung an den betroffenen Arbeitnehmer sein, eine Therapie oder eine medizinische Rehabilitation durchzuführen, wobei der Arbeitgeber in diesen Fällen dem Arbeitnehmer eine angemessene Frist gewähren muss, damit dieser die Maßnahmen bzw. Leistungen beantragen kann.[462]

Im Rahmen der Überlegungen der in Betracht kommenden Maßnahmen sollte vorab eine Analyse der gesundheitlichen Anforderungen des Arbeitsplatzes in Form eines gesundheitlichen Anforderungsprofils erstellt werden.[463] Dabei reicht es aus, wenn der Arbeitgeber Kenntnis von den gesundheitlichen Einschränkungen des betroffenen Arbeitnehmers hat, sodass dieser die Diagnose seiner Erkrankung nicht mitteilen muss.[464] Ein Anspruch auf eine Beförderung seitens des betroffenen Arbeitnehmers besteht nicht.[465]

457 *Schmidt,* S. 166.

458 MHdB ArbR/*Kiel*, § 113, Rn. 53.

459 *Kempter/Steinat*, S. 840; s. auch *Schmidt,* S. 166; *Schiefer,* S. 196; *Schmidt,* BEM, Rn. 262 (mit weiteren Beispielen).

460 BAG, Urt. v. 20.11.2014 – 2 AZR 400/08, NZA 2015, S. 931.

461 *Kempter/Steinat*, S. 840; LAG Thüringen, Urt. v. 15.11.2012 – 3 Sa 71/12, BeckRS 2015, 70156.

462 MHdB ArbR/*Kiel*, § 113, Rn. 54; BAG, Urt. v. 20.11.2014 – 2 AZR 755/13, NZA 2015, S. 612; BAG, Urt. v. 10.12.2009 – 2 AZR 400/08, NZA 2010, S. 398.

463 *Schmidt,* BEM, Rn. 261.

464 LAG Baden-Württemberg, Urt. v. 28.07.2021 – 4 Sa 68/20, BeckRS 2021, 25332.

465 BAG, Urt. v. 30.09.2010 – 2 AZR 88/09, NZA 2011, S. 39.

Bei der Erörterung sollen aber nur von vornherein unvernünftige Vorschläge verworfen werden. Dies ist aber nur dann der Fall, wenn der Vorschlag nicht geeignet ist, das vom Gesetz vorgegebene Ziel zu erreichen oder mit unverhältnismäßigen technischen Mitteln oder Kosten verbunden ist.[466]

Es ist aber auch Sache des Arbeitnehmers, sinnvolle Lösungsmöglichkeiten einzubringen und seine Wiedereingliederung voranzutreiben. Der Arbeitnehmer soll daher auch mitteilen, wie er sich seine Beschäftigungsmöglichkeiten in Zukunft beim Arbeitgeber unter Einbeziehung seiner gesundheitlichen Beeinträchtigungen vorstellt. So ist es seine Aufgabe, auch in eigener Initiative tätig zu werden.[467]

9.4 Umsetzungsphase

Gestützt auf das Ergebnis der zuvor geführten Gespräche und die getroffenen Maßnahmen schließt sich die Umsetzungsphase an, in der die vereinbarten Maßnahmen umgesetzt werden. An der Umsetzung können dabei sog. Fallmanager oder bEM-Koordinatoren beteiligt werden, die mit allen an der Umsetzung der bEM-Maßnahme Beteiligten einen Austausch durchführen und dem betroffenen Arbeitnehmer als Ansprechpartner zur Verfügung stehen.[468] Sofern der Arbeitnehmer bei der Umsetzung der Maßnahme merkt, dass eine Modifizierung erforderlich ist, muss er vorab den betroffenen Arbeitnehmer und die übrigen Beteiligten mit einbeziehen, da ihn andernfalls in einem späteren Kündigungsschutzprozess eine erhöhte Darlegungs- und Beweislast trifft, dass die ursprünglich vereinbarte Maßnahme sich als nicht hinreichend wirksam erwiesen hätte.[469]

9.5 Sondierungs-/Abschlussgespräch

Sind die vereinbarten Maßnahmen durchgeführt worden, so erfolgt das sog. Sondierungs- bzw. Abschlussgespräch.[470] In diesem sollen die durchgeführten Maßnahmen bewertet und ggf. erörtert werden, ob weitere Maßnahmen in Betracht kommen oder ob diese ausscheiden.[471]

---

466 *Raif/Bordet*, S. 400.
467 *Rose/Ghorai*, S. 949.
468 *Schmidt*, BEM, Rn. 268 (Praxistipp).
469 MHdB ArbR/*Kiel*, § 113, Rn. 56.
470 *Schiefer*, S. 196.
471 *Kempter/Steinat*, S. 840.

9.6 Beendigung des bEM-Verfahrens

Grundlage für die Durchführung des bEM-Verfahrens ist die Zustimmung des Arbeitnehmers. Vor diesem Hintergrund kann das Verfahren unterschiedlich enden:[472]

1. der Arbeitnehmer lehnt die Durchführung des bEM-Verfahrens nach dem Zugang der ordnungsgemäßen Einladung oder auch im Erstgespräch ab,
2. der Arbeitnehmer meldet sich nicht, bzw. es erfolgt keine Rückmeldung auf das Einladungsschreiben und das verschärfte Einladungsschreiben,
3. der Arbeitnehmer verweigert die weitere Zustimmung zum Verlauf des bEM-Verfahrens oder er widerruft seine Zustimmung bezüglich des weiteren Verfahrensverlaufs.

Findet sich keine mögliche umsetzbare Maßnahme im Betrieb, so endet das bEM-Verfahren.[473] Mithin, wenn vom Arbeitnehmer und von den übrigen beteiligten Stellen keine ernsthaften Vorschläge erfolgen bzw. keine Vorschläge vorliegen, die zielführend Maßnahmen aufzeigen.[474] Hierzu sollten dem Arbeitnehmer und den übrigen Beteiligten eine Erklärungsfrist gesetzt werden.[475] War das bEM-Verfahren aber zunächst abgeschlossen, entsteht eine erneute Verpflichtung des Arbeitgebers, ein bEM-Verfahren zu initiieren, wenn die Arbeitsunfähigkeit über den Abschluss des vorherigen bEM-Verfahrens hinaus ununterbrochen weiter mehr als sechs Wochen angedauert hat.[476] Selbst bei einer ununterbrochenen andauernden Arbeitsunfähigkeit können sich, nachdem sie weitere mehr als sechs Wochen angedauert hat, neue Erkenntnismöglichkeiten für zielführende Präventionsmaßnahmen ergeben, wobei in diesem Verfahren zu klären ist, ob gegenüber dem zuvor durchgeführten bEM-Verfahren Änderungen in den Krankheitsursachen, den Heilverfahren oder in den betrieblichen Umständen eingetreten sind.[477] Eine Klärung ist dann entbehrlich, wenn der Arbeitnehmer seine Zustimmung nicht erteilt.[478]

---

472 *Schmidt,* BEM, Rn. 269; vgl. auch *Kempter/Steinat*, S. 840.

473 *Kempter/Steinat*, S. 840.

474 BAG, Urt. v. 18.11.2021 – 2 AZR 138/21, NZA 2022, S. 253.

475 BAG, Urt. v. 18.11.2021 – 2 AZR 138/21, NZA 2022, S. 253; MHdB ArbR/*Kiel*, § 113, Rn. 57.

476 BAG, Urt. v. 18.11.2021 – 2 AZR 138/21, NZA 2022, S. 253.

477 BAG, Urt. v. 18.11.2021 – 2 AZR 138/21, NZA 2022, S. 253.

478 *Schmidt,* BEM, Rn. 270.

9.7 Entbehrlichkeit eines bEM-Verfahrens

Das Unterlassen der Durchführung eines bEM-Verfahrens ist unschädlich, wenn das Verfahren wegen der gesundheitlichen Beeinträchtigung des Arbeitnehmers unter keinen Umständen ein positives Ergebnis hätte bringen können.[479] Dafür muss der darlegungs- und beweispflichtige Arbeitgeber umfassend und konkret vortragen, warum weder der weitere Einsatz des Arbeitnehmers auf dem bisherigen innegehabten Arbeitsplatz noch dessen leidensgerechte Anpassung und Veränderung möglich war und der Arbeitnehmer auch nicht auf einem anderen Arbeitsplatz bei geänderter Tätigkeit hätte eingesetzt werden können, warum also ein bEM-Verfahren in keinem Fall dazu hätte beitragen können, erneuten Krankheitszeiten des Arbeitnehmers vorzubeugen und ihm den Arbeitsplatz zu erhalten.[480]

Sofern eine Alkoholerkrankung vorliegt, ist ein bEM-Verfahren durchzuführen, unabhängig davon, welche Ursachen die Arbeitsunfähigkeit hat und wie hoch die Umsetzungschancen sind.[481] Dies gilt allerdings dann nicht, wenn der Arbeitnehmer keine Therapiewilligkeit hat.[482]

Ein bEM-Verfahren ist auch dann vom Arbeitgeber einzuleiten, wenn die Ursache für die Arbeitsunfähigkeit im privaten Bereich liegt und keinen Zusammenhang mit der ausgeübten Tätigkeit im Betrieb hat.[483] Die Durchführung des bEM-Verfahrens ist somit nicht entbehrlich, weil die Arbeitsunfähigkeit keine ausschließliche Ursache in der betrieblichen Tätigkeit hat.[484] Auch wenn der Arbeitgeber nicht verpflichtet ist, den Arbeitnehmer zu mehr Sport, einer gesünderen Ernährung oder sonstigen Maßnahmen anzuhalten, die seine private Lebensweise betreffen, so folgt aus dem Zweck des betrieblichen Eingliederungsmanagement, nämlich die Ursache der bisherigen Ausfallzeiten zu klären und etwaige Möglichkeiten aufzuzeigen, sie durch bestimmte Veränderungen künftig zu verringern, dass im Rahmen eines derartigen Verfahrens auch erörtert werden muss, ob ein Arbeitnehmer durch Veränderung seiner generellen (d. auch privaten) Lebensweise seine gesundheitliche Verfassung gerade bei körperlich anstrengenden Tätigkeiten verbessern kann.[485] Stellt sich im bEM-Verfahren als Ergebnis heraus, dass

479 BAG, Urt. v. 24.03.2011 – 2 AZR 170/10, NZA 2011, S. 952; BAG, Urt. v. 30.09.2010 – 2 AZR 88/09, NZA 2011, S. 39.

480 LAG Hamm, Urt. v. 27.01.2012 – 13 Sa 1493/11, BeckRS 2012, 68656; LAG Hamm, Urt. v. 10.07.2014 – 8 Sa 399/14, BeckRS 2014, 72752.

481 *Schmidt*, BEM, Rn. 132; BAG, Urt. v. 20.03.2014 – 2 AZR 565/12, NZA 2014, S. 602.

482 BAG, Urt. v. 20.03.2014 – 2 AZR 565/12, NZA 2014, S. 602.

483 LAG Hessen, Urt. v. 03.06.2013 – 21 Sa 1456/12, BeckRS 2013, 73108; *Schmidt*, BEM, Rn. 17.

484 *Schmidt*, BEM, Rn. 17.

485 LAG Hessen, Urt. v. 03.06.2013 – 21 Sa 1456/12, BeckRS 2013.

ein Arbeitnehmer durch eine Veränderung seiner privaten Lebensweise seine Krankheitsanfälligkeit verringern kann, so ist der Arbeitnehmer gehalten, dieses so erarbeitete Konzept durch ein konsequentes Gesundheitsmanagement umzusetzen, mithin ist der Arbeitnehmer, ebenso wie der Arbeitgeber, verpflichtet das Ergebnis eines betrieblichen Eingliederungsmanagement durchzuführen.[486]

10. Auswirkungen des bEM-Verfahrens auf krankheitsbedingte Kündigung bzw. das Verfahren im Rahmen des Kündigungsschutzprozesses

Für die Arbeitsvertragsparteien stellt sich die Frage, sofern der Arbeitnehmer über einen längeren Zeitraum erkrankt war, ob und inwiefern das bEM-Verfahren vor Ausspruch einer krankheitsbedingten Kündigung durchzuführen ist. In diesem Zusammenhang ist auch zu erörtern, welche Rechtsfolgen eintreten, wenn kein bEM-Verfahren eingeleitet oder ein fehlerhaftes bEM-Verfahren durchgeführt wurde.

Durch das bEM-Verfahren soll grundsätzlich ein milderes Mittel als die Kündigung ermittelt werden, sodass eine Weiterbeschäftigung entweder durch das Ausschalten krankmachender Faktoren auf dem bisherigen Arbeitsplatz oder eine Weiterbeschäftigung auf einem anderen – ggf. durch Umsetzung „freizumachenden" Arbeitsplatz – erkannt und entwickelt werden.[487]

Sofern das Ergebnis des bEM-Verfahrens die Durchführung einer Rehabilitationsmaßnahme, verbunden mit der entsprechenden Einwilligung bzw. Zustimmung des betroffenen Arbeitnehmers ist, hat der Arbeitgeber den Arbeitnehmer unter Fristsetzung aufzufordern, diese Maßnahme umzusetzen, mit dem Hinweis, dass er im Falle der Ablehnung mit einer Kündigung des Arbeitsverhältnisses rechnen muss.[488]

Für den Fall, dass sich der Arbeitnehmer trotzdem weigert, die Maßnahmen umzusetzen, muss der Arbeitgeber die Maßnahme vor dem Ausspruch der krankheitsbedingten Kündigung nicht berücksichtigen.[489]

---

486 LAG Hessen, Urt. v. 03.06.2013 – 21 Sa 1456/12, BeckRS 2013; BAG, Urt. v. 20.11.2014 – 2 AZR 755/13, NZA 2015, S. 612; *Schmidt,* BEM, Rn. 17.

487 APS/*Vossen,* KSchG § 1, Rn. 197a; BAG, Urt. v. 13.05.2015 – 2 AZR 565/14, NZA 2015, S. 1249.

488 APS/*Vossen,* KSchG § 1, Rn. 197a.

489 BAG, Urt. v. 10.12.2009 – 2 AZR 400/08, NZA 2010, S. 639; LAG Berlin-Brandenburg, Urt. v. 27.02.2019 – 17 Sa 1605/18, NZA-RR 2019, S. 307; APS/*Vossen,* KSchG § 1, Rn. 197a.

10.1 bEM-Verfahren als Wirksamkeitsvoraussetzung für die krankheitsbedingte Kündigung

Die Frage, ob die Durchführung des bEM-Verfahrens eine Wirksamkeitsvoraussetzung für die krankheitsbedingte Kündigung, verknüpft mit der Frage nach den Rechtsfolgen, wenn kein oder ein fehlerhaftes bEM-Verfahren durchgeführt wird, ist umstritten. Das Bundesarbeitsgericht führt hierzu aus, dass das bEM-Verfahren keine formelle Wirksamkeitsvoraussetzung für die krankheitsbedingte Kündigung ist.[490] Somit folgt aus der Nichtdurchführung des bEM-Verfahrens nicht, dass eine krankheitsbedingte Kündigung unwirksam ist.[491] § 167 Abs. 2 SGB IX ist auch kein Verbotsgesetz i. S. d. § 134 BGB.[492] Zugleich ist § 167 Abs. 2 SGB IX kein bloßer Programmpunkt oder eine reine Ordnungsvorschrift mit bloß appellativem Charakter, deren Missachtung in jeden Fall folgenlos bleibe.[493] Nach einer anderen Meinung soll die krankheitsbedingte Kündigung mangels einer Ausschöpfung aller milderer Mittel sozial nicht gerechtfertigt im Sinne des § 1 Abs. 2 KSchG sein, wenn ein bEM-Verfahren vom Arbeitgeber nicht durchgeführt wurde.[494] Die Kündigung ist ebenfalls unwirksam, wenn der Arbeitgeber bei der Einführung des bEM-Verfahrens den Betriebsrat nicht mitbeteiligt hat.[495] Nach einer weiteren Ansicht ist § 167 Abs. 2 SGB IX eine vollkommen sanktionslose Regelung.[496] Das Bundesarbeitsgericht führt weiter aus, dass § 167 SGB IX eine Ausprägung des das gesamte Kündigungsschutzrecht beherrschenden Verhältnismäßigkeitsgrundsatzes ist.[497]

10.2 Verhältnismäßigkeitsprinzip und Ultima-Ratio-Grundsatz

Die unterbliebene Durchführung des bEM-Verfahrens ist kündigungsrechtlich in den ersten sechs Monaten des Bestands des Arbeitsverhältnisses, ent-

490 BAG, Urt. v. 28.06.2007 – 6 AZR 750/06, NZA 2007, S. 1049; BAG, Urt. v. 20.11.2014 – 2 AZR 664/13, NZA 2015, S. 931; BAG, Urt. v. 13.05.2015 – 2 AZR 565/14, NZA 2015, S. 1249; BAG, Urt. v. 10.12.2009 – 2 AZR 400/08, NZA 2010, S. 398; BAG, Urt. v. 07.12.2006 – 2 AZR 182/06, NZA 2007, S. 617.

491 BAG, Urt. v. 12.07.2007 – 2 AZR 715/06, NZA 2008, S. 173.

492 BAG, Urt. v. 12.07.2007 – 2 AZR 715/06, NZA 2008, S. 173.

493 BAG, Urt. v. 13.05.2015 – 2 AZR 565/14, NZA 2015, S. 1249; *Schmidt,* BEM, Rn. 121.

494 LAG Berlin, Urt. v. 27.10.2005 – 10 Sa 783/05, NZA-RR 2006, S. 184; ErfK./*Rolfs,* SGB IX § 167, Rn. 10.

495 ArbG Marburg, Urt. v. 11.04.2008 – 2 Ca 466/07, BeckRS 2009, 68167.

496 LAG Nürnberg, Urt. v. 21.06.2006 – 4 (9) Sa 933/05, NZA-RR 2007, S. 75.

497 BAG, Urt. v. 15.12.2022 – 2 AZR 162/22, NZA 2023, S. 500; BAG, Urt. v. 13.05.2015 – 2 AZR 565/14, NZA 2015, S. 1249; BAG, Urt. v. 20.11.2014 – 2 AZR 755/13, NZA 2015, S. 612; LAG Rheinland-Pfalz, Urt. v. 24.08.2020 – 3 Sa 87/20, BeckRS 2020, 42447; *Schmidt,* BEM, Rn. 122; APS/*Vossen,* KSchG § 1, Rn. 197a.

sprechend § 1 Abs. 1 KSchG, und in Kleinstbetrieben, entsprechend § 23 Abs. 1 Satz 2 und Satz 3 KSchG, unerheblich.[498]

Allein der Umstand, dass kein bEM-Verfahren vom Arbeitgeber durchgeführt wurde, führt nicht zu einer Verletzung des Verhältnismäßigkeitsgrundsatzes.[499] Insoweit muss hinzukommen, dass überhaupt eine Möglichkeit besteht, den betroffenen Arbeitnehmer weiter zu beschäftigen und somit den Ausspruch einer Kündigung zu vermeiden.[500] Von einer Rechtmäßigkeit einer Kündigung kann somit nur dann ausgegangen werden, wenn der Arbeitgeber vor dem Ausspruch der Kündigung erfolglos geprüft hat, ob die Aufrechterhaltung des Arbeitsverhältnisses z. B. durch zumutbare organisatorische Maßnahmen, wie eine Änderung der Arbeitszeiten oder des Arbeitsplatzes möglich ist.[501]

Somit kann sich der Arbeitgeber, der kein bEM-Verfahren durchgeführt hat, nicht pauschal darauf berufen, dass ihm, mangels Kenntnis der Krankheitsdiagnose, keine andere, der Arbeitsunfähigkeit vermeidende oder zumindest reduzierende Einsatzmöglichkeit für den betroffenen Arbeitnehmer bekannt war oder hätte bekannt sein können.[502]

Sofern das Kündigungsschutzgesetz keine Anwendung findet, kann aber die Nichtdurchführung eines bEM-Verfahrens sich im Falle einer krankheitsbedingten Kündigung eines schwerbehinderten Arbeitnehmers als willkürlich herausstellen, insbesondere, wenn sich der Arbeitgeber überhaupt nicht mit der Intention des § 167 Abs. 2 SGB IX bei einem schwerbehinderten oder ihnen gleichgestellten Arbeitnehmern stellt und somit die Zielsetzung des Gesetzes völlig ignoriert.[503] Eine Willkürlichkeit in Bezug auf den Ausspruch der Kündigung liegt aber dann nicht vor, wenn das Integrationsamt der Kündigung zugestimmt hat, ohne die Zustimmung im Hinblick auf die Regelung des § 167 Abs. 2 SGB IX zu verweigern.[504]

498 BAG, Urt. v. 22.10.2015 – 2 AZR 720/14, NZA 2016, S. 473; BAG, Urt. v. 28.06.2007 – 6 AZR 750/06, AP BGB § 307 Nr. 27; APS/*Vossen,* KSchG § 1, Rn. 197.

499 APS/*Vossen,* KSchG § 1, Rn. 197b.

500 BAG, Urt. v. 13.05.2015 – 2 AZR 565/14, NZA 2015, S. 1249; BAG, Urt. v. 10.12.2019 – 2 AZR 400/08, NZA 2010, S. 398.

501 *Britschgi,* S. 112; BAG, Urt. v. 12.07.1995 – 2 AZR 762/94, NZA 1995, S. 1101.

502 APS/*Vossen,* KSchG § 1, Rn. 197c; BAG, Urt. v. 20.11.2014 – 2 AZR 755/13, NZA 2015, S. 612.

503 LAG Schleswig-Holstein, Urt. v. 17.11.2005 – 4 Sa 328/05, BeckRS 2006, 40264; *Schmidt,* BEM, Rn. 125.

504 LAG Schleswig-Holstein, Urt. v. 17.11.2005 – 4 Sa 328/05, BeckRS 2006, 40264.

10.3 Darlegungs- und Beweislast der Parteien

10.3.1 Darlegungs- und Beweislast der Parteien außerhalb des Geltungsbereiches des Kündigungsschutzgesetzes

Außerhalb des Kündigungsschutzgesetzes trifft den betroffenen Arbeitnehmer die Darlegungs- und Beweislast, sodass dieser darlegen muss, dass und warum die Kündigung sittenwidrig oder treuwidrig ist.[505] Somit ist die Tatsache der unterbliebenen Durchführung des bEM-Verfahrens außerhalb des Kündigungsschutzgesetzes unerheblich.[506]

10.3.2 Darlegungs- und Beweislast der Parteien innerhalb des Geltungsbereiches des Kündigungsschutzgesetzes

Im Geltungsbereich des Kündigungsschutzgesetzes kann die fehlerhafte Durchführung oder die Nichtdurchführung des bEM-Verfahrens Folgen für die Darlegungs- und Beweislast des Arbeitgebers bei den betrieblichen Auswirkungen von erheblichen Fehlzeiten des betroffenen Arbeitnehmers haben.[507]

Vorliegend kommt es somit darauf an, ob der Arbeitgeber das bEM-Verfahren ordnungsgemäß durchgeführt hat oder nicht bzw. auch auf das Ergebnis des bEM-Verfahrens.

a.) bEM-Verfahren wurde vom Arbeitgeber nicht durchgeführt:
Der Arbeitgeber kann nicht pauschal vortragen, dass für den betroffenen Arbeitnehmer keine Beschäftigungsmöglichkeit mehr besteht, wobei dieser Vortrag auch den Umstand umfasst, dass keine Möglichkeit besteht, entsprechend der Erkrankung einen alternativen Arbeitsplatz bzw. einen leidensgerechten Arbeitsplatz anzubieten.[508]
Ist der Arbeitgeber nämlich seiner Verpflichtung aus § 167 Abs. 2 SGB IX nicht nachgekommen, ist er darlegungs- und beweispflichtig dafür, dass auch ein bEM-Verfahren nicht dazu hätte beitragen können, neuerlichen Arbeitsunfähigkeitszeiten entgegenzuwirken und das Arbeitsverhältnis zu erhalten.[509] Der Arbeitgeber hat auch darzulegen und zu beweisen, dass ggf. durch gesetzlich vorgeschriebene Hilfen

---

505 ErfK/*Rolfs*, SGB IX § 167, Rn. 11.

506 APS/*Vossen*, KSchG § 1, Rn. 197; ErfK/*Rolfs*, SGB IX § 167, Rn. 11; BDDH/*Kerwer*, KSchG § 1, Rn. 448.

507 ErfK/*Rolfs*, SGB IX § 167, Rn. 11; *Schmidt*, BEM, Rn. 127.

508 *Schmidt*, BEM, Rn. 127; APS/*Vossen*, KSchG § 1, Rn. 197c.

509 BAG, Urt. v. 15.12.2022 – 2 AZR 162/22, NZA 2023, S. 500; BAG, Urt. v. 18.11.2021 – 2 AZR 138/21, NZA 2022, S. 253.

oder Leistungen der Rehabilitationsträger künftige Fehlzeiten nicht in relevantem Umfang hätten vermieden werden können.[510]
Der Arbeitgeber darf bei einer Nicht-Durchführung des bEM-Verfahrens keine darlegungs- und beweisrechtlichen Vorteile erlangen.[511]
Mithin hat der Arbeitgeber umfassend und detailliert darzulegen und zu beweisen, aus welchen denkbaren Gründen oder ggf. vom betroffenen Arbeitnehmer vorgeschlagenen Maßnahmen eine Reduzierung der Ausfallzeiten nicht in Betracht kommen und warum in keinem Fall ein bEM-Verfahren dazu beigetragen hätte, Arbeitsunfähigkeitszeiten vorzubeugen und den Arbeitsplatz zu erhalten.[512] Nach dieser Darlegung durch den Arbeitgeber kann dann der betroffene Arbeitnehmer dem Vortrag substantiiert entgegentreten und unter Beweisantritt darlegen, wie eine leidensgerechte Beschäftigung aus seiner Sicht möglich ist.[513]
Sofern es allerdings denkbar ist, dass die Durchführung eines bEM-Verfahrens ein positives Ergebnis gebracht hätte, wird die Kündigung des Arbeitgebers als „vorschnell" gewertet.[514]
Die Zustimmung des Integrationsamtes ist unerheblich und führt nicht dazu, dass eine Vermutung greift, dass ein bEM-Verfahren die Kündigung nicht hätte verhindern können.[515]

b.) bEM-Verfahren wurde vom Arbeitgeber fehlerhaft durchgeführt:
Sind dem Arbeitgeber bei der Durchführung des bEM-Verfahrens Fehler unterlaufen, so ist bezüglich der Darlegungs- und Beweislast endscheidend, ob der Fehler Einfluss auf die Möglichkeit hatte oder hätte haben

510 APS/*Vossen*, KSchG § 1, Rn. 197c; BAG, Urt. v. 20.11.2014 – 2 AZR 755/13, NZA 2015, S. 612; LAG Rheinland-Pfalz – 7 Sa 512/14, BeckRS 2015, 68576; kritisch zu den Anforderungen *Kempter/Steinat*, S. 840 (845), die darauf hinweisen, dass eine Umkehr der Darlegungs- und Beweislast quasi zur Unmöglichkeit der Kündigung führt; vgl. auch *Hofmann-Remy*, S. 267.

511 BAG, Urt. v. 10.12.2009 – 2 AZR 400/08, NZA 2010, S. 398; *Schmidt*, BEM, Rn. 129, *Britschgi*, S. 116.

512 *Schmidt*, BEM, Rn. 129; BAG, Urt. v. 17.04.2019 – 7 AZR 292/17, NZA 2019, S. 1355; BAG, Urt. v. 13.05.2015 – 2 AZR 565/14, NZA 2015, 1249; BAG, Urt. v. 07.09.2021 – 9 AZR 571/20, NZA 2022, S. 257; BAG, Urt. v. 30.09.2010 – 2 AZR 88/09, NZA 2011, S. 39.

513 *Schmidt*, BEM, Rn. 128; BAG, Urt. v. 26.02.2020 – 7 AZR 121/19, NZA 2020, S. 794; BAG, Urt. v. 07.09.2021 – 9 AZR 571/20, NZA 2022, S. 257.

514 BAG, Urt. v. 15.12.2022 – 2 AZR 162/22, NZA 2023, S. 500; BAG, Urt. v. 13.05.2015 – 2 AZR 565/14, NZA 2015, S. 1249; APS/*Vossen*, KSchG § 1, Rn. 197c.

515 APS/*Vossen*, KSchG § 1, Rn. 197c; ErfK/*Rolfs*, SGB IX § 167, Rn. 12; BAG, Urt. v. 15.12.2022 – 2 AZR 162/22, NZA 2023, S. 500.

können, Maßnahmen zu erkennen, die geeignet gewesen wären, die Arbeitsunfähigkeit des betroffenen Arbeitnehmers zu reduzieren.[516]
Somit entspricht, nach Aufstellung von *Schmidt*[517], nur ein bEM-Verfahren den gesetzlichen Anforderungen,

- das die in § 167 Abs. 2 SGB IX zu beteiligten Stellen, Ämter und Personen einbezieht,
- das keine vernünftigerweise in Betracht zu ziehende Anpassungs- und Änderungsmöglichkeit ausschließt,
- in dem die von den Teilnehmern eingebrachten Vorschläge sachlich erörtert werden,
- eine Aufklärung des betroffenen Arbeitnehmers in der Einladung oder im Informationsschreiben, dass dieser nach eigener Wahl eine Vertrauensperson zum bEM-Verfahren hinzuziehen kann,
- eine Aufklärung des betroffenen Arbeitnehmers, dass er den denkbaren Teilnehmerkreis am bEM-Verfahren mitbestimmen kann,
- ein ordnungsgemäßer Hinweis des Arbeitgebers auf die Ziele des bEM-Verfahrens und die Art und den Umfang der hierfür erhobenen und verwendeten Daten.

Ein nicht ordnungsgemäßes bEM-Verfahren steht einem unterlassenen bEM-Verfahren hinsichtlich der Darlegungs- und Beweislast gleich.[518]
Eine konkludente Heilung durch die Teilnahme des betroffenen Arbeitnehmers an dem bEM-Verfahren kommt nicht in Betracht, da der betroffene Arbeitnehmer zu Beginn des Verfahrens nicht ordnungsgemäß belehrt und seine Zustimmung nicht erteilt hat.[519]

c.) bEM-Verfahren wurde vom Arbeitgeber ordnungsgemäß durchgeführt:
Sofern das bEM-Verfahren durch den Arbeitgeber ordnungsgemäß durchgeführt wurde, ist der Arbeitgeber seiner Verpflichtung nach § 167 Abs. 2 SGB IX nachgekommen. Dies hat Auswirkungen auf die Darlegungs- und Beweislast.[520]
Im Hinblick auf die kündigungsrechtlichen Folgen ist entscheidend das Ergebnis des abgeschlossenen bEM-Verfahrens. Mithin, ob das bEM-

516 ErfK/*Rolfs*, SGB IX § 167, Rn. 12; BAG, Urt. v. 18.11.2021 – 2 AZR 138/21, NZA 2022, S. 253; BAG, Urt. v. 15.12.2022 – 2 AZR 162/22, NZA 2023, S. 500.
517 *Schmidt,* BEM, Rn. 134, 135; BAG, Urt. v. 10.12.2009 – 2 AZR 400/08, NZA 2010, S. 398; BAG, Urt. v. 20.11.2014 – 2 AZR 755/15, NZA 2015, S. 612.
518 BDDH/*Kerwer,* KSchG § 1, Rn. 448 (Fn.); BAG, Urt. v. 10.12.2009 – 2 AZR 400/08, NZA 2010, S. 398; BAG, Urt. v. 24.03.2011 – 2 AZR 170/10, NZA 2011, S. 992.
519 *Kempter/Steinat*, S. 840; *Schmidt,* BEM, Rn. 135.
520 BAG, Urt. v. 10.12.2009 – 2 AZR 400/08, NZA 2010, S. 398.

Verfahren mit einem positiven oder negativen Ergebnis geendet hat.[521] Hat die Durchführung des bEM-Verfahrens zu einem negativen Ergebnis geführt, so muss der Arbeitgeber im Rahmen seiner Darlegungslast des § 1 Abs. 2 Satz 4 KSchG lediglich vortragen, dass, ausweislich des Ergebnisses des bEM-Verfahrens keine leidensgerechte Beschäftigungsmöglichkeit besteht und somit auch keine Möglichkeit der Überwindung oder künftige Vermeidung der Arbeitsunfähigkeit.[522]

In diesem Fall geht die Darlegungslast auf den betroffenen Arbeitnehmer über, der dann nicht auf eine andere Beschäftigungsmöglichkeit verweisen kann, die im Rahmen des bEM-Verfahrens bereits behandelt und verworfen wurde.[523] Mithin kann der betroffene Arbeitnehmer nur noch solche Beschäftigungsmöglichkeiten vorbringen, die sich in der Zeit nach dem Abschluss des bEM-Verfahrens bis zum Ausspruch der krankheitsbedingten Kündigung ergeben haben.[524]

Hat das bEM-Verfahren zu einem positiven Ergebnis geführt, hat der Arbeitgeber, sofern dies in seiner alleinigen Befugnis besteht, das Ergebnis als milderes Mittel umzusetzen, bevor er eine krankheitsbedingte Kündigung ausspricht.[525] Sofern der Arbeitgeber kündigt, ohne die Maßnahmen umzusetzen, muss er darlegen, aus welchen Gründen die Umsetzung der Maßnahme nicht möglich war oder die Umsetzung nicht zu einer Reduzierung der Arbeitsunfähigkeitszeiten geführt hätte.[526] Der betroffene Arbeitnehmer kann diesem Vortrag mit einfachem Bestreiten begegnen.[527]

Eine Möglichkeit der Umsetzung der Maßnahmen kann auch die stufenweise Wiedereingliederung sein, um die Arbeitskraft des betroffenen Arbeitnehmers möglichst wiederherzustellen.[528] Sollte der Arbeitgeber die Wiedereinstellung ablehnen, kann dies einen Schadensersatzanspruch des betroffenen Arbeitnehmers zur Folge haben.[529]

---

521 BDDH/*Kerwer,* KSchG § 1, Rn. 449.

522 *Schmidt,* BEM, Rn. 135; *Britschgi,* S. 116.

523 BDDH/*Kerwer,* KSchG § 1, Rn. 449.

524 BAG, Urt. v. 10.12.2009 – 2 AZR 400/08, NZA 2010, S. 398; LBK/*Krause,* KSchG § 1, Rn. 343; APS/*Vossen,* KSchG § 1, Rn. 197h; *Britschgi,* S. 116.

525 BDDH/*Kerwer,* KSchG § 1, Rn. 449; ErfK/*Rolfs*, SGB IX § 167, Rn. 9.

526 ErfK/*Rolfs*, SGB IX § 167, Rn. 9; *Britschgi,* S. 116.

527 BAG, Urt. v. 10.12.2009 – 2 AZR 400/08, NZA 2010, S. 398; BDDH/*Kerwer,* KSchG § 1, Rn. 449.

528 ErfK/*Rolfs*, SGB IX § 167, Rn. 6; *Britschgi,* S. 118, mit Ausführungen zu den Voraussetzungen für eine stufenweise Wiedereingliederung.

529 ErfK/*Rolfs*, SGB IX § 167, Rn. 6; LAG Hessen, Urt. v. 07.08.2017 – 7 Sa 232/17, ArbRAktuell 2018, S. 210.

Im Hinblick auf die fehlende Zustimmung des betroffenen Arbeitnehmers wird in Teilen der Literatur und der Rechtsprechung vertreten, dass bei einer fehlenden Zustimmung oder gar der Ablehnung des bEM-Verfahrens durch den betroffenen Arbeitnehmer dem Arbeitnehmer in einem späteren Kündigungsschutzprozess verwehrt wäre, sich darauf zu berufen, dass der Arbeitgeber kein bEM-Verfahren durchgeführt hat.[530]
Das Bundesarbeitsgericht geht in dem Fall der Weigerung des betroffenen Arbeitnehmers davon aus, dass die „kündigungsneutral" wirkt.[531] Voraussetzung ist allerdings, dass der betroffene Arbeitnehmer vor seiner Zustimmungsverweigerung ordnungsgemäß aufgeklärt wurde.[532]
Jedoch kann sich die Zustimmungsverweigerung negativ im Rahmen des Kündigungsschutzprozesses für den betroffenen Arbeitnehmer auswirken, wenn in einem bEM-Verfahren eine Beschäftigungsmöglichkeit gefunden worden wäre, die nun aber aufgrund der Nichtdurchführung des bEM-Verfahrens nicht gefunden wird. In diesem Fall kann sich der betroffene Arbeitnehmer in dem Prozess nicht mehr auf die Beschäftigungsmöglichkeit berufen.[533]

11. Auswirkung des bEM auf das Zustimmungsverfahren vor dem Integrationsamt

Wenn der betroffene Arbeitnehmer schwerbehindert oder einem schwerbehinderten Menschen gleichgestellt ist, so muss vor Ausspruch der Kündigung vom Arbeitgeber die Zustimmung des Integrationsamts gemäß § 168 SGB IX eingeholt werden. Die Zustimmung des Integrationsamtes ist dabei eine öffentlich-rechtliche Wirksamkeitsvoraussetzung.[534]

Die Zustimmung des Integrationsamtes hat der Arbeitgeber einzuholen, sobald das Arbeitsverhältnis länger als sechs Monate bestanden hat und gilt sowohl für die Beendigungs- als auch für die Änderungskündigung.[535] Dabei muss der Arbeitgeber vor dem Ausspruch der Kündigung die Zustimmung

530 LAG Berlin-Brandenburg, Urt. v. 13.11.2015 – 9 Sa 1297/15, BeckRS 2016, 65167; *Kempter/Steinart*, S. 840 (nach der Ansicht der Autoren muss die Verweigerung zumindest im Rahmen der Interessenabwägung zu Gunsten des Arbeitgebers ausfallen).

531 BAG, Urt. v. 23.03.2011 – 2 AZR 170/10, NZA 2011, S. 992; BAG, Urt. v. 13.05.2015 – 2 AZR 565/14, NZA 2015, S. 1249.

532 *Schmidt*, BEM, Rn. 137.

533 *Schmidt*, BEM, Rn. 137 mit weitergehenden Empfehlungen.

534 APS/*Vossen*, SGB § 168, Rn. 2; BVerwG, Urt. v. 02.07.1992 – 5 C 31/91, NZA 1993, S. 123.

535 ErfK/*Rolfs*, SGB IX § 168, Rn. 11.

beantragt und erhalten haben.[536] Der Ausspruch der Kündigung gegenüber dem schwerbehinderten Arbeitnehmer ist nur innerhalb von einem Monat nach der Zustellung der Zustimmung durch das Integrationsamt zulässig (§ 171 Abs. 3 SGB IX).[537]

Das Integrationsamt entscheidet nach Ermessen und überprüft die Kündigungsgründe, wobei der Schwerbehindertenschutz an Gewicht gewinnt, wenn die Kündigung des Arbeitsverhältnisses auf Gründe gestützt wird, die in der Behinderung selbst ihre Ursachen haben.[538]

Sofern der Arbeitgeber die Zustimmung zu einer krankheitsbedingten Kündigung beim zuständigen Integrationsamt beantragt, wird das Integrationsamt seine Entscheidung daran ausrichten, ob zumindest die gesetzlichen Möglichkeiten ausgeschöpft wurden, den Arbeitsplatz zu erhalten.[539] Zu den gesetzlichen Möglichkeiten gehört auch das betriebliche Eingliederungsmanagement.[540] Ergänzend wird das Integrationsamt bei schwerbehinderten Menschen berücksichtigen, ob der Arbeitgeber ein Präventionsverfahren nach § 167 Abs. 1 SGB IX durchgeführt hat.[541] Sollte ein Präventionsverfahren nicht durchgeführt worden sein, so kann die Behörde das Zustimmungsverfahren aussetzen und den Arbeitgeber zur Nachholung des Präventionsverfahrens auffordern.[542]

536 DDJL/*Düwell*, SGB IX § 168, Rn. 43.

537 DDJL/*Düwell*, SGB IX § 168, Rn. 43.

538 *Schmidt*, BEM, Rn. 137; BVerwG, Urt. v. 19.10.1995 – 5 C 24/93, NZA-RR 1996, S. 288.

539 *Welti*, S. 623.

540 *Schmidt*, BEM, Rn. 140; *Welti*, S. 623; BVerwG, Urt. v. 29.08.2007 – 5 B 77/07, NJW 2008, S. 166.

541 BeckOK Sozialrecht/*Gutzeit*, SGB IX § 168, Rn. 24.

542 DHSW/*Dette/Gottbehüt*, SGB IX § 168, Rn. 10; *Schmidt*, BEM, Rn. 141.

C. Resümee

Es steht auf der einen Seite zu erwarten, dass die krankheitsbedingte Kündigung auch in Zukunft eine Rolle spielen wird. Vor diesem Hintergrund ist es wichtig, dass die Arbeitsvertragsparteien die Voraussetzungen kennen. Dabei spielt das bEM-Verfahren eine wichtige Rolle. Auf der anderen Seite gibt die rechtzeitige Einleitung des bEM-Verfahrens dem Arbeitgeber die Möglichkeit künftige Fehlzeiten von arbeitsunfähigen Arbeitnehmern zu reduzieren, mit der Folge, dass Kosten für das Unternehmen eingespart und wichtige Kenntnisse der Arbeitnehmer für das Unternehmen erhalten bleiben, was angesichts der demografischen Entwicklung und des Fachkräftemangels einen erst zu nehmenden Aspekt darstellt.

Literaturverzeichnis

→ Kommentare

Dau/Düwell/Joussen/Luik, Sozialgesetzbuch IX, Rehabilitation und Teilhabe behinderter Menschen, Nomos Verlag, 6. Aufl. 2022.

Boecken/Düwell/Diller/Hanau, Gesamtes Arbeitsrecht, Nomos Verlag, 2. Aufl. 2022.

BeckOK Arbeitsrecht, Hrsg. *Rolfs/Giesen/Meßling/Udsching*, 75. Aufl. 2025.

BeckOK Arbeitsschutzrecht, Hrsg. Winkelmüller/Felz/Hussing, 22. Aufl. 2025.

BeckOK Sozialrecht, Hrsg. *Rolfs/Giesen/Meßling/Udsching*, 76. Aufl. 2024.

Däubler/Hjort/Schubert/Wolmerath, Arbeitsrecht, Individualarbeitsrecht mit kollektivrechtlichen Bezügen, Handkommentar, Nomos Verlag, 5. Aufl. 2022.

Erfurter Kommentar zum Arbeitsrecht, C.H.Beck Verlag, 24. Aufl. 2024.

Fitting/Trebinger/Linsenmaier/Schelz/Schmidt, Handkommentar zum Betriebsverfassungsgesetz mit Wahlordnung, Verlag Franz Vahlen, 32. Aufl. 2024.

Fuchs/Ritz/Rosenow, SGB IX – Kommentar zum Recht behinderter Menschen, Verlag Franz Vahlen, 7. Aufl. 2021.

Henssler, Willemsen, Kalb, Arbeitsrecht Kommentar, Verlag Dr. Otto Schmidt KG, 11. Aufl. 2024.

Knickrehm/Roßbach/Waltermann, Kommentar zum Sozialrecht, Verlag C.H.Beck, 8. Aufl. 2023.

KR,Etzel/Bader/Fischermeier/Friedrich/Griebeling/Lipke/Pfeiffer/Rost/Spilger/Vogt/Weigand/Wolff, Gemeinschaftskommentar zum KSchG und sonstigen kündigungsschutzrechtlichen Vorschriften, Luchterhand Verlag, 11. Aufl. 2015.

Linck/Krause/Bayreuther, Kündigungsschutzgesetz Kommentar, C.H.Beck Verlag, 16. Aufl. 2019.

Schmitt, Kommentar Entgeltfortzahlungsgesetz, Aufwendungsausgleichsgesetz, Verlag C.H.Beck, 9. Aufl. 2023.

→ Lehrbücher

Ascheid/Preis/Schmidt, Kündigungsrecht, C.H. Beck Verlag, 7. Aufl. 2024.

Britschgi, Sigrid, BEM – Betriebliches Eingliederungsmanagement, Bund-Verlag GmbH, 6. Aufl. 2023.

Feichtinger, Sabine/Wagner, Magdalena, Betriebliches Eingliederungsmanagement, Verlag Franz Vahlen GmbH, 2022.

Lenfers, Henner, Alkohol am Arbeitsplatz, Entscheidungshilfen für Führungskräfte, Luchterhand Verlag, 2. Aufl. 1993.

Lepke, Achim, Kündigung bei Krankheit, Erich Schmidt Verlag, 16. Aufl. 2018.

Münchner Handbuch zum Arbeitsrecht, Band 2, Individualarbeitsrecht II, 6. Aufl. 2024.

Schaub, Arbeitsrecht Handbuch, C.H. Beck Verlag, 20. Aufl. 2023.

Schmidt, Bettina, Gestaltung und Durchführung des BEM, C.H. Beck Verlag, 3. Aufl. 2023.

→ Aufsätze

Aszmons, Mattis und Lackschewitz, Merle „Fallstricke im Umgang mit erkrankten Arbeitnehmern“, NJW 2016, S. 2070 ff.

Balders, Sven Frederik und Lepping, Christian „Das betriebliche Eingliederungsmanagement nach SGB IX“ in NZA 2005, S. 854 ff.

Balikcioglu, Julia „Psychische Erkrankungen am Arbeitsplatz“ in NZA 2015, S. 1424 ff.

Beck, Thorsten „Betriebliches Eingliederungsmanagement – Eine Zwischenbilanz nach zehn Jahren Rechtsprechung des BAG“ in NZA 2017, S. 81 ff.

Deinert, Olaf „Kündigungsprävention und betriebliches Eingliederungsmanagement“ in NZA 2010, S. 969 ff.

Evermann, Nils „Die Verwendbarkeit von Erkenntnissen aus einem BEM-Verfahren bei Kündigungen“ in NZA 2019, S. 1465 ff.

Hoffmann-Remy, Till „Kein bEM-Gespräch während der Arbeitsunfähigkeit?“ in NZA 2017, S. 159 ff.

Howald, Bert Die außerordentliche (personenbedingte) Arbeitgeberkündigung bei Unkündbarkeit“ in öAT 2013, S. 1 ff.

Janko, Markus und Krüger, Jakob Friedrich „Fragen und Antworten zur elektronischen Arbeitsunfähigkeitsbescheinigung“ in NZA 2025, S. 282 ff.

Kasper, Franz „Die Kunst forensischer Prophetie als Darlegungs- und Beweismittel bei krankheitsbedingter Kündigung des Arbeitgebers – Ein Beitrag zur Auslegung des § 1 II 1, 4 KSchG 1969 durch den 2. Senat des BAG“ in NJW 1994, S. 2979 ff.

Kempter, Michael und Steinat, Björn „Betriebliches Eingliederungsmanagement nach § 84 II SGB IX“ in NZA 2015, S. 840 ff.

Kort, Michael „Schweigepflicht eines beim BEM-Gespräch hinzugezogenen Betriebsratsmitglieds“ in NZA 2019, S. 502 ff.

Lingemann, Stefan und Ludwig, Gero „Die ‚krankheitsbedingte Kündigung‘ – Rechtfertigung der Kündigung wegen langanhaltender Erkrankung“ in ArbRAktuell 2010, S. 385 ff.

Nassibi, Ghazaleh „Die Durchsetzung der Ansprüche auf Schaffung behindertengerechter Arbeitsbedingungen“ in NZA 2012, S. 720 ff.

Raif, Alexander und Bordet, Katharina „Praktische Gestaltung des Betrieblichen Eingliederungsmanagement“ in ArbRAktuell 2011, S. 400 ff.

Richter, Tim „Neues zur krankheitsbedingten Kündigung“ in ArbRAktuell 2023, S. 255 ff.

Roos, Bernd „Die Rechtsprechung zur Kündigung wegen Krankheit" in NZA-RR 1999, S. 617 ff.

Rose, Franz-Josef und Ghorai, Surmila „Betriebliches Eingliederungsmanagement: Notwendige Eigeninitiative betroffener Arbeitnehmer" in BB 2011, S. 949 ff.

Salamon, Erwin und Maaß, Yannick „Das ‚Haltbarkeitsdatum' für ein bEM – rechtliche Einordnung und Folgen für die Praxis, Besprechung von BAG, Urt. v. 18.11.2021" in NZA 2022, S. 384 ff.

Schiefer, Bernd „Das betriebliche Eingliederungsmanagement (bEM)" in RdA 2016, S. 196 ff.

Schmidt, Bettina „Zur Kündigung bei häufigen Kurzerkrankungen sowie zum betrieblichen Eingliederungsmanagement (BEM)" in RdA 2016, S. 166 ff.

Schmidt, Bettina und Plote, Maximilian „Die Zulässigkeit der Datenverarbeitung im betrieblichen Eingliederungsmanagement" in NZA 2022, S. 1297 ff.

Schunder, Achim „Kündigung wegen Krankheit" in NZA-Beilage 2015, S. 90 ff.

Schwede, Joachim „Änderungen beim Betrieblichen Eingliederungsmanagement (BEM) durch das Teilhabebestärkungsgesetz" in ArbRAktuell 2021, S. 312 ff.

Seel, Henning-Alexander „Krankheitsbedingte Arbeitsunfähigkeit – Rechte und Pflichten von Arbeitgeber und Arbeitnehmer" in JA 2009, S. 131 ff.

Stück, Volker „BEM-Verfahren – Voraussetzungen, Beteiligte, Rollen und Aufgaben" in ArbRAktuell 2021, S. 339 ff.

Welti, Felix „Das betriebliche Eingliederungsmanagement nach § 84 Abs. 2 SGB IX – sozial- und arbeitsrechtliche Aspekte" in NZS 2006, S. 623 ff.

Weigert, Daniel „Die krankheitsbedingte Kündigung außerhalb des Kündigungsschutzgesetzes" in NZA 2019, S. 1671 ff.

Wetzling, Frank und Habel, Maren „Betriebliches Eingliederungsmanagement und Mitwirkung des Mitarbeiters" in NZA 2007, S. 1129 ff.

Sachregister